日常

日常

초판 1쇄 **인쇄** 2020년 5월 15일
초판 1쇄 **발행** 2020년 5월 20일

지은이 김대일
펴낸이 이재욱
펴낸곳 ㈜새로운사람들
디자인 오신환
사진 조철제 + 김대일
마케팅 관리 김종림

등록일 1994년 10월 27일
등록번호 제2-1825호
주소 서울특별시 도봉구 덕릉로 54가길 25(창동 557-85, 우 01473)
전화 02-2237-3301
팩스 02-2237-3389
이메일 ssbooks@chol.com
홈페이지 http://www.ssbooks.biz

ISBN 978-89-8120-588-1(03810)

*책값은 뒤표지에 씌어 있습니다.

日常

김대일 지음

새로운사람들

들어가며

글자 크기 12pt로 맞춰 놓고 휘뚜루마뚜루 끼적인다. A4용지 2매 내외 분량의 장편(掌篇)이 완성되면 내 SNS에 게시한다. 그러기를 3년. 지루하게 사는 내 일상에서 유일하게 내가 긴장할 때는 PC 모니터 앞에서 무정하게 껌뻑거리는 커서와 눈싸움을 벌일 때다. 전심전력을 기울여 오늘 써야 할 분량을 기필코 달성하겠다는 투쟁심에 이글거리면서 말이다.

글은 자기만족인 게 맞다. 글을 써내려갈 때 나는 다른 무엇을 할 때보다 재미와 오르가슴을 느끼니까. 허나 글 때문에 자격지심이 일기도 한다. 애를 써도 늘지 않는 어휘력, 어법에 맞지 않는 국적불명의 문장 구성, 재미라고는 눈곱만큼도 찾아볼 수 없는 내용을 마주하면 아예 포기하는 게 신상에 이롭다는 생각마저 든다.

나를 중심으로 벌어지는 심상하고 밋밋한 일상(日常)이 실은 앞으로 내가 살 생존 시간이 야금야금 떨어져 나가는 부분이라고 한다면 절대 허투루 탕진할 수가 없고, 이른바 '순간을 영원 같이' 다루자면 기록이 내가 유일하게 할 줄 아는 재주(픽션은 내 능력 밖이다)이고 보니 포기가 곧 절명인 결말은 절망적이다. 잘 쓰고 싶은 마음이야 굴뚝같지만 당대의 문호가 될 건 아니니까 쉬엄쉬엄 천천히, 대신 야무지게 내 문장을 다듬어 나가기로 마음을 먹었다. 결국 글은 자기만족이니까.

여기에 수록된 글들은 블로그, 페이스북, 밴드에 업로드 한 게시물 중에서 순전히 내가 내키는 걸로만 골라 어색한 부분은 고치고 읽기 편하게 다듬는 교정 작업을 나름대로 거친 뒤 연대기 순으로 배치한 게 특징이다. 따로 시기를 밝히지는 않았지만 인용된 신문기사 발행일을 보면 대충 그 시기를 짐작할 수 있고 아무래도 모르겠거든 개의치 말고 그냥 편하게 읽으면 된다. 어차피 에피소드 간에 심각한 연관성이란 게 별로 없으니까. 단, 왜 이 따위 글을 얘가 지었을지 궁금할 분들을 위해서 최근 몇 년 간의 내 이력을 아래에 사족으로 달아 두겠다. 개연성이 필요한 분들을 위해.

내가 보기에 나는 무료하다. 그렇다고 남들한테까지 무료해 보이기는 싫다. 그러니 내가 무료한 사람이 아니란 걸 알리려면 내가 아는, 나를 아는 사람들과 벚꽃이 흐드러지게 핀 우리 집 뒷동산 달맞이언덕에서 꽃놀이를 즐기고 싶지만 요즘같이 역병이 창궐하는 시절에는 미친 놈 소리 듣기 딱이다. 이 시국에 내가 무료하지 않다는 걸 알릴 방법이 정녕 없단 말인가. 지인(知人)들에게 아뢰나니, 꿩 대신 닭이라고 꽃놀이 대신 내가 드리는 이 글 모음집이 내가 당신을 항상 그리워하고 있다는 사실을 알리는 계기가 됐으면 좋겠고 당신도 나란 사람이 그리 무료하게 살지는 않는다는 사실을 알아주길 바랍니다.

당신이 잘 있으면 나도 잘 있습니다.

Si vales bene valeo.

2020년 4월 어느 날
룸펜이 되자마자 코로나19 창궐로 몇 달째 집구석에 틀어박힌
대일이가

최근 몇 년 간 김대일의 이력

2014년~2015년 민락동 포구에서 포장마차 운영
2015년~2016년 해운대 달맞이언덕에 있는 대형 찜질방 관리과장
2017년~2018년 요양병원을 소유한 생활협동조합 사무국에서 근무
2019년 (4월~12월) 해운대구청 일자리센터 직업상담사

109

지하철입구
여 의 도
526 Yeouido

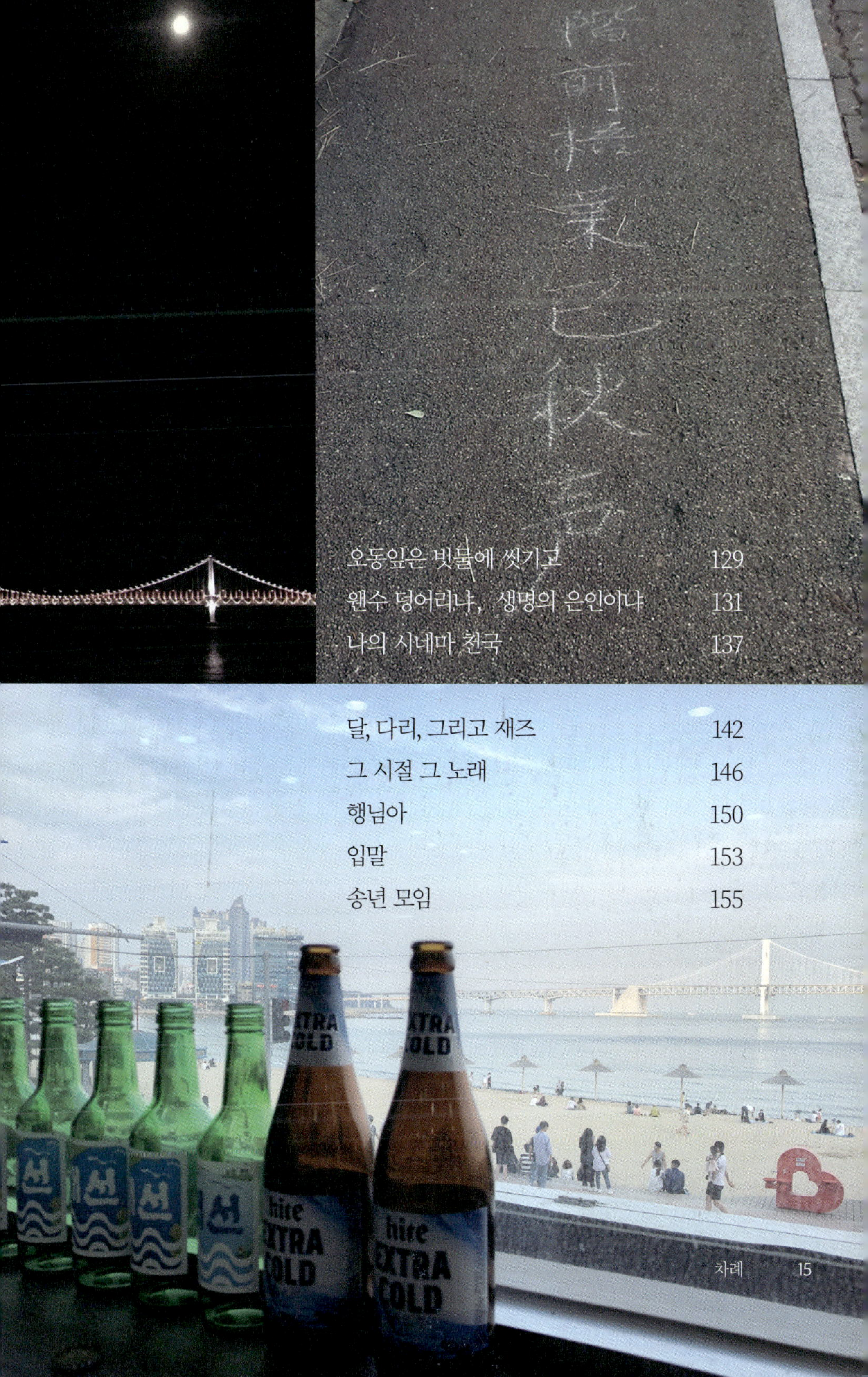

산머리 아직 어둡다

동녘에 해 벌써 떴어도 산머리 아직 어둡다.
자만에 흠뻑 물든 자여,
경계하라.
고갯이에 닿기 전까지는
아직 그대 인생을 모를지니.

Old Friend (play by Toots Thielemans)

노래 한 곡이 과거를 소환했다면 하모니카 멜로디는 그리움을 증폭시킨다. 몇 분 안 되는 러닝타임이지만 나는 이미 회상 속에 잠겨 버렸고, 이 고약하면서 먹먹한 기억의 늪에서 쉽게 빠져 나오기가 힘들겠다. 그때 그곳으로 돌아가 형과 함께 눈부신 가을 햇살 아래에서 다시 위로받고 싶다.

1994년 가을 어느 날. 형이 내게 선사한 건 높고 푸른 가을하늘을 만판 쳐다볼 수 있는 너럭바위와 한 곡의 노래였다. ROTC 4학년, 이듬해 졸업과 동시에 군 입대가 예정되어 있는 학생 같지만 학생 아닌 듯 어정쩡한 처지 때문인지 우울감이 깊었다. 하지만 기실 그 우울의 기저에는 ROTC를 자원한 결정적인 계기가 됐던 한 여학생의 갑작스런 결별 통보로 인한 상실감과 원망이 깊게 드리워져 있었다. 헤어지긴 했지만 동갑내기에 캠퍼스 커플이었던 탓에 오고가는 교정에서 어렵잖게 마주쳤고 어색한 눈인사 외에는 달리 할 게 없는 옹졸함과 그 뒤에 밀려드는 후회로 괴로워했다. 한편으로는 이렇게라도 얼굴을 볼 수 있다는 안도감으로 위로를 삼기도 했지만, 이 가을이 지나면 곧 졸업인데….

돌이켜 생각해보면 그런 지지리 궁상도 없었지만 잃어버린 반쪽의 부재에 오락가락하는 연약한 청춘의 심정은 처참하게 무너져 버린 지 오래였다. 고교 선배이면서 대학 선배이기도 한 형은 한 번은 울적해하는 나를 언덕이 진 사회대 앞 그 너럭바위로 데리고 갔다. 형 옆에 벌렁 드러누운 채 초점 잃은 시선으로 높고 푸른 가을하늘만 멍하니 쳐다보는데 형이 이어폰 한 쪽을 불쑥 건넸고 나는 그걸 귀에 꽂았다….

쏟아지는 가을 햇살에 눈이 부셔서 쏟아지려는 눈물임에 틀림없었다. 나를 힐끗힐끗 살피는 형 보기가 창피해서라도 나는 참아야만 했지만 속에서 흘러내리는 눈물까지 막을 수는 없었다. 뭐가 그리 속상하고 야속했는지 너럭바위에서 나는 속으로만 하염없이 울고 또 울었다.

썩어 문드러진 상처를 째고 고름을 짜낸 듯 아리고 쓰라린 고통 뒤에 찾아온 후련함은 나를 일시적으로나마 해방시켰다. 이후로도 불쑥불쑥 불거지는 우울증에 저항하는 백신으로 청승맞기 짝이 없는 김동률의 <기억의 습작>이 작용했을지 모를 일이다. 형이 그걸 의도했는지는 본인만이 알겠지만 노래 한 곡이 주는 카타르시스에 응어리진 감정이 씻기는 경험을 맛보게 해준 형이 고마울 따름이다.

서울에서 터를 잡은 형과 연락이 끊긴 지 십 수 년이 넘었다. 말수는 적었어도 늘 다정다감했던 형의 미소가 문득 떠오르면 투츠 틸레망(Toots Thielemans)의 <Old Friend>를 찾아 듣곤 한다. 형이 들려준 <기억의 습작>이 번민하던 나를 위로해줬다면 <Old Friend>는 배려 깊은 형과 함께 했던 그 시절을 더 절절하게 그리워하게 한다. 마음을 따뜻하게 감싸는 투츠 틸레망의 하모니카가 형 같아서 더하다.

인생

맥주를 마시다 잠깐 밖으로 나갔다. 잠을 자다가 나온 건지 잠옷 같은 펑퍼짐한 털옷을 걸친 다운증후군 여자아이가 내 앞을 천연덕스럽게 지나간다. 노래 가사를 흥얼대는 걸까, 누군가와 화상 통화를 하는 걸까. 스마트폰을 두 손으로 받쳐 들고서 도리도리하듯 고개를 좌우로 흔들어댄다. 천진난만하고 해사한 표정이 아찔하도록 귀여웠다.

바통을 이어받는 릴레이 경주를 하듯 여자아이 사라진 곳에서 노(老)신사가 나타나 나에게로 다가온다. 그 또한 스마트폰에 정신이 온통 팔려 있어서 서두르는 발걸음에 비해 횡보만 거듭했다. 행선지를 정확하게 파악하지 못했는지 조바심이 가득한 표정은 그의 빛바랜 양복처럼 절망적이기까지 하다. 야멸찬 도시의 밤거리와 그는 왠지 잘 어울리지 않는다. 그는 대리운전 기사임에 틀림없다.

맥주 가게로 되돌아가 김이 빠져 시금털털한 맥주를 마저 마셨다. 일행은 한 사람뿐이다. 뚜렷한 계기랄 것도 없이 그와는 근래 한 달에 한두 번 만나는 일이 부쩍 잦아졌다. 나를 만날 때 그는 저녁 시간을 통으로 비워두고 나는 나대로 술을 즐기지 않는 그를 배려해 절주한다. 길어봐야 두 시간 남짓인 만남에서 오고가는 대화는 진부하다. 제 깐에는 회심의 재담을 주워섬기며 듣는 이의 의표를 찔러 보려 하지만 기실 뻔한 화제를 재탕

삼탕 우려먹는 게 전부다. 십 수 년을 원만하게 이어온 인연이니 일마다 무덤덤하다. 괜히 세월의 관록만 믿고 오지랖을 일삼다간 상대방의 시큰둥한 반응에 뜨악할 공산이 크다. 그러니 늘 이런 식이다. 획기적인 자극을 주고받는 관계라고 하기엔 서로에게 낙제점인 상견인 셈이다.

그런 그가 그날은 뜬금없었다. 암묵적으로 합의한 불간섭 원칙을 무시하면서까지 도발을 자행했으니까. 그가 고수하려는 보편적 일상이, 실적 압박에 인원 감축의 불안이 매 순간 사람을 바짝 조이는데도 법정 근로시간의 유해성을 홍보라도 하듯이 낮밤이 따로 없는 근면 성실성을 만방에 드러내며 '일하는 것만으로도 정말 행복해요.'라는 어용의 기치를 올리는 게 고인이 된 노모의 숙환을 병구원하며 진 빚을 청산하고 고등학생 아들내미의 장차 대학 등록금을 보조받기 위해서라도 지금 다니는 회사에서 꼭 자리를 보전해야 한다는 비장한 속내라는 걸 뻔히 알고 있는데도, 그러니 무슨 말을 해도 그의 충고가 전혀 반향을 일으키지 않으리란 걸 알면서 그는 왜 굳이?

"이리 애면글면하고 사는 걸 식구가 알아야 내 체면이 서는 거야. 한 달에 150만 원도 안 되는 월급 받으면서 흥뚱항뚱 세월아 네월아 사는 너를 보면 그걸 여유라고 하기에도 뭣하고 솔직히 좀 딱하다. 정신 줄 놓고 사는 것 같기도 하고. 아무리 사는 방식이 사람마다 다르다고는 하지만 지금 너는 방종이나 다름없어 보인다."

"돈 욕심이라면 애당초 버렸수다. 없이 살더라도 마음 가는 대로 살라요. 형이 잊었는가 본데, 이십 년 가까이 지금 형처럼 세상의 온갖 시름 혼자 다 떠안은 양 아등바등하며 살았던 몸이오. 과거에는 그게 정답인 줄 알았는데 지금은 아니오. 이제부터라도 그냥 내 식대로 인생을 즐길라요."

"네가 그리 살겠다고 마음먹으면 제수씨가 잘도 좋아라고 하겠다. 쑥쑥 크는 애새끼들 뒤치다꺼리는 어찌 할 거며 살림살이라고 옳게 버티겠나."

만나면 한 술집에서 두 시간 가량을 맹숭맹숭하게 보낸다. 나는 그가 계산하는 술값만큼만 함께 보내는 시간에 의미를 부여하고 고마워할 뿐이다. 두 시간의 가치를 술값으로 한정하려는 건 보편성의 가면에 가려진 그의 나약함을 자꾸 목격하게 되어 갈수록 마음이 불편해져서이다. 평행선을 달릴 게 뻔한 대화를 재생산하느라 시간을 더 허비하는 건 재앙이다. 불화는 없지만 친화도 어려운 관계는 김빠져 시금털털한 맥주를 닮았다.

그를 존중하지만, 아까 스쳐 지나갔던 그들이 자꾸 생각나 대화에 집중할 수가 없었다. 천사의 부러진 날개였을지 모른다, 잠옷 같은 털옷은. 그럼 그녀가 흥얼거린 건 혹시 천상의 노래였을까. 그녀는 세상의 질곡이라는 말을 알고나 있을까. 초점 잃은 눈동자를 가진 노신사가 주연이 되기에는 거리의 풍경이 너무 삭막하고 거대하다. 그러니 프레임의 가장자리나마 억척스레 붙잡으려는 인물의 안간힘은 볼수록 가련하다.

떨어질 줄 알고도 바위를 굴리는 시시포스를 닮은 인생이 아둔해서 나는 싫다. 어제 오늘이 질곡이었다고 내일마저 그러할 거라면 희망은 무엇인가. 인생이 고행인 줄은 알겠지만 나는 더 이상 무기력해지긴 싫다. 더 늦기 전에 내 인생을 찾고 싶다. 날개 부러진 천사의 노래가 나를 구원할지 모를 일이다.

사진을 보는 이유

가공하지 않은 있는 그대로의 이미지가 프레임에 격납되어 있다. 사진은 실체의 진실을 표방하고 그것이 가장 중요하다. 조작과 왜곡이 판을 치고 실체와 허상을 분간하지 못하는 지경에 이르렀다고 해도 본연한 본질은 절대 부정되지 않으니 내가 최우선으로 여기는 사진의 미덕은 핍진성이다. 사진은 객관적이라는 꼬리를 달고 있다는 발터 벤야민의 표현처럼.

피사체의 적나라한 사실성에 열광하면서도 그 대상에 숨겨진 이면에 주목하고 싶다. 암호를 해독하듯 사진이 함축한 또 다른 진실을 찾아보려는 시도로 나는 늘 조바심이 나지만 즐겁다. 보이는 것 너머를 보고자 하는 욕망이야말로 내가 사진을 보는 진짜 이유이다.

「영업 끝 작업 시작」

없는 시간을 쪼개 부산엘 내려왔다면 제 일정 소화하기에도 벅찼을 텐데 얼굴이라도 잠깐 보자는 조의 연락이 반갑고 고마웠다.

밤 11시가 넘어서 전포역 근처 한 카페에서 만났을 땐 술은 입에도 안 대는 녀석이 맹물을 먹고도 주흥이 돋았는지 우정 달떠 있었다. 저녁 술자리를 함께 했다는 후배 한 무리는 누구랄 것 없이 얼큰하게 취기가 올라 흐느적거렸다. 영업 종료를 알리는 카페를 나와 한적한 소주방으로 자리를 옮겼다.

안주로 시킨 나베가 끓을 즈음 북적이던 일행이 세 명으로 단출해졌다. 밤이 더 깊어지자 군데군데 남아 있던 주객들마저 자리를 떴고 황량함이 조붓한 가게를 윽박질렀다. 가게 출입구 바로 옆 테이블에서 손님이 뜸한 틈을 타 캔버스 같은 데에다 색을 덧대는 듯한 작업에 열중인 아르바이트생이 앉아 있었는데 이 모든 구도를 아우르던 조가 무심하게 휴대폰 카메라의 셔터를 눌렀다. 사진 촬영에 조예가 상당한 녀석이고 보면 그때 그 컷은 구도가 잘 잡힌 꽤나 모더니티한 뉘앙스를 풍길 거라고 짐작했고 내 예상은 적중했다.

예술과 놀이의 경계를 자유자재로 넘나드는 재주를 가진 녀석은 부산의 경리단길이라 불리면서 명소로 부상한 전포동 카페 거리의 한산한 소주방에서 기억에 남을 만한 장면을 마침내 낚아챘다. 피사체의 조형적 특징을 포착해 내서 거기에 자신의 미적 영감을 불어넣는 능력은 녀석의 트레이드마크였다. 그토록 어수선한 소주방에서도 말이다. 얄밉도록 부러웠다.

한때 너석 블로그에 게시되어 있던 녀석이 촬영한 사진에다 댓글을 다는 재미를 들인 적이 있었다. 평범한 일상 속 대상에 자신의 느낌을 투영시킨 사진을 보면 어설픈 언어로나마 사진의 의미를 규정짓고 싶은 충동이 들곤 했었다. 기분이 썩 좋잖았을 녀석인데도 그때나 지금이나 개의치 않아 하니 황송할 따름이다. 돈을 주고 시켜도 안 할 짓을 유독 조의 사진에다 대고 일삼을 수 있었던 게 학창시절의 기억에서 비롯되었음을 부인하지는 않겠다. 문학과 예술 세계를 동경해 의기투합했던 중학 동창이 다시 그 시절로의 회귀를 꾀하려는 수작에 다름 아니었다면 이해해 줄까.

조의 SNS에 이따금 녀석이 찍은 그야말로 사진발 끝내주는 사진이 올라오면 또 손이 근질근질하지만 나이 들어서까지 저질 품평을 계속 늘어놓다가는 무던한 녀석한테서 의절하자는 소리가 튀어나올지 몰라 그만둔다. 그래도 이번 전포동 소주방 사진의 현장을 동석한 친구로서 응당 사진 제목에 관한 오지랖은 부려볼 만하지 않을까.

「영업 끝 작업 시작」
어때, 별론가?

「영업 끝 작업 시작」

<나폴리 우럭> 회동

동래경찰서 맞은편에 이제는 이전하고 없는 <나폴리 우럭>에서 장학사가 된 대학 동기를 축하하기 위한 모임이 열렸다. 예약만으로 장사를 할 정도로 늘 성황인 우럭 요리 전문점을 우리의 장학사 양반은 한 턱 내겠다는 일념으로 일주일 전부터 하루 단위로 예약을 확인하고 또 확인했다는 후문이다. 공술 한 잔 보고 십 리 간다는데 그 정성이 하도 갸륵하니 맹물인들 취하지 않을까.

1991년 국어국문학과 신입생은 60명이고 그 중 남자만 13명. 까까머리 머스마들이 한 무더기로 들어오기는 80년대 이후로 세 손가락 안에 들 만큼 충격적인 사건이라 그 시절로부터 화중충(花中蟲)의 자부심이라커니 같잖은 사나이 우정 따위 감정이 그네들 사이에서 횡행하다가 불혹의 시대를 지나 어느덧 지천명을 바라보도록 부지하고 있으니 꽤 오래 가긴 한다.

13명이 시종일관 통신 축선 상에 있은 건 아니다. 개중에는 수취인 불명이 되었거나 부산 아닌 데서 터 잡으면서 소식 끊고 사는 녀석도 여럿 되니까. 여의치 않은 녀석들을 다 빼고 부산에서 밥 벌어먹고 사는 녀석들은 나를 포함해 대여섯쯤 될라나(부산에 살아도 통 연락이 안 되는 녀석도 있긴 하다만).

명석한 국어 선생으로 이름께나 날리다가 교장 선생님 한 번 해보겠다고 그 첫 단추인 장학사에 응시했으나 뜻밖의 고배를 마신 뒤 우울증으로 한참 고생하다가 절치부심해 기어코 진입에 성공한 이 장학사(이후로는 '이장'이라 칭함), 사립 고등학교에서 16년을 근속하면서 똑 부러진 대학 진학 지도로 그 분야에 관한 한 타의 추종을 불허하는 이 선생(이쌤), 한국 근대소설 연구의 대가로 저명했던 부친을 학과 교수로 모신 탓에 학창시절 내내 본의 아닌 비교분석 대상이 된 울분에 겨워선지 졸업 후 한동안 종적이 묘연하다가 결혼한다며 불쑥 나타나서는 모교의 인문학연구소에서 연구원으로 몇 해는 따뜻하게 보내는 중인, 하지만 내년 여름이면 다시 백수로 복귀할 공산이 크다는 김 박사(김박), 대학 졸업 후 질풍노도의 시기를 한참 겪다가 마음 돌이켜 먹고 교육대학원에서 교원 자격증을 취득해 기간제 국어교사로 전전하고 있지만 3년 전 부임한 여고에서 가능성이 보일락 말락 하는 정교사 선발에 기대를 걸고 있는 김 선생(김쌤), 당시 잘 다니던 회사를 그만두고 실업급여로 연명하던 나(백수), 이렇게 다섯이 <나폴리 우럭>에서 회동했다.

나를 빼면 다들 제 버릇 개 못 주듯 세종대왕한테 빌붙어 사는 품으로는 도긴개긴이긴 한데 국어국문학과 출신이랍시고 주안상을 앞에 놔두고 시구를 읊조리고 고담준론이나 들먹일 줄 알았다면 그런 오산도 없다. 술자리에서 절대 금기시되다시피 한 문학의 '문'자만 꺼냈다간 돼먹잖은 짓으로 조롱당하기 일쑤고 급기야 정신적 집단 이지메에 이르는 처참한 광경을 목격할 수도 있으니까. 오호통재라, 밥벌이의 고단함에 씹힌 문학의 비애여! 그럼 어떻게 노느냐고? 다섯 녀석이 술 마시면서 노는 현장을 적나라하게 스케치해봤다.

이장 : 우리가 얼마나 팔아줬는데 ○○노래방 사장은 갈 때마다 바가지를

씨워. 밉어서라도 다신 안 간다. 니들도 앞으로 거긴 입 밖에도 꺼내지 말아라잉. 그건 그렇고 니는 와 엊그제 혼자 거길 납셨을까?

백수 : (김쌤을 쏘아보면서) 뭐시라?

김쌤 : (능청스럽게) 마지막 작별 인사는 해야 되지 않것나.

백수 : 세상에 믿을 놈 하나 없고 얌전한 고양이 부뚜막에 먼저 올라간다카드만 딱 그 짝이네. 이장하고 내가 그리 놀자고 할 땐 노래방 끊었다고 오만 점잔을 다 빼드만, 혼자 갔따꼬? 가서 노래방 여사장하고 단둘이서 작별주를 기울있따꼬?

김쌤 : 작별 인사라 안 하나. 학부모가 하는 노래방이래서 내가 얼마나 신경을 썼는지 너거들도 잘 알잖아. 아무리 우리 등골을 홀라당 빼 묵었어도 사람이 그라면 못써. 회자정리란 말 모리나? 신사적으로다가 마지막 인사는 해야겠다 싶어서리.

이쌤 : 암만, 김쌤 마음을 왜 모르까이. 노래방 사장이 과부라는 것도 알고 김쌤 늦장가도 들어야 하는 것도 알제. 그래서 하는 말인데 (안 그래도 가는 눈이 육감적으로 더 가늘어지면서 흘겨보는데) 재밌드나 김쌤?

김박 : 물어볼 기 뭐 있노. 깨가 쏟아짓껬지.

김쌤 : 어허, 진짜 술만 묵으따니까!

김박 : 손만 잡고 잤어요~~~

이쌤 : 안주가 없네. 김쌤, 뭐 묵고잡노? 우럭튀김 시키주까? 오늘 마 뱃심 든든히 해까고 밤새 씨부리보자. 사장님, 여기 우럭튀김 추가요!

이장 : 느그들, 거 말고 수안로타리 쪽에 새로 생긴 데가 있는데….

이글거리는 좌중의 시선이 일제히 이장의 얼굴로 모인다.

2차로 동래 우체국 근처 수제 맥주 펍으로 향했다. 돼지 목에 진주일갑세 이장은 수제 맥주만 찾는 마니아로 두어 번 따라갔는데 맛은 차치하고 뭔 맥주 값이 금값이여? 한 조끼 값으로 병맥주 서너 병에 쥐포까지 곁들여 한 상 차리겠더만. 아무튼 구닥다리 중년 다섯이서 맥주잔이나 쪽쪽 빨고 있기엔 물 관리 제대로 된 가게 안 풍경과는 영 안 어울려 살짝 민망했지만 상큼한 꽃들에 둘러싸여 헤벌쭉거리는 중년남자들의 의뭉이 한편으로 귀엽기도 하다.

뭐 하나 빠지는 게 없는 낙원 같은 공간이지만 딱 하나 흠이라면 남녀공용으로 쓰는 좌변기 한 대가 다인 화장실은 곤혹스럽다. 가뜩이나 전립선비대증이니 과민성 방광에 요실금 기미까지 언뜻 비치는 다섯 중년들로서는 뒷간 입장 타이밍을 놓치면 하릴없이 고단한 인내를 감수하며 다음 차례를 기다릴 수밖에 없기 때문이니. 화장실 문이 열리자 김쌤과 백수는 쏜살같이 달려가 동시에 문고리를 잡는다. 씨익 썩소를 날린 백수가 어깨를 먼저 문 안으로 들이민다.

김쌤 : 같이 싸자. 급하다잉.

백수 : 기둘려. 찔끔찔끔거리서 영 찝찝하다.

김쌤 : 작작 퍼마시라. 한 잔에 얼마짜린지나 아나? 몇 잔째고?

백수 : 술값 자네가 내는겨? 그라믄 얼른 싸고 몇 잔 더 마시야겠네. 기둘려!

김쌤 : 지랄은.

담배가 떨어진 백수가 화장실 밖에서 김쌤을 기다린다. 볼일 다 본 김쌤과 어깨를 겯고 흡연실로 향했다.

김쌤 : 책은 읽어서 뭐할라꼬?

백수 : 엉?

김쌤 : 나이 들어 대갈빡에 똥 채울 일 있나?

백수 : 뭐라카노?

김쌤 : 누군 배알이 없어서 굽실거리는 줄 아나? 더럽고 앵꼬봐도 그게 목숨줄이다 싶으믄 참았어야지. 니 혼자 사나? 우째 그리 철딱서니가 없노. 그래, 다니던 직장 때리치우고 마시니까 술이 더 맛나드나?

백수 : ….

김쌤 : 직장 생활 하믄서 마음고생 심했던 거 와 모리겠노. 그렇다고 가리늦게 빨간물 든 책 들춰본다고 달라질 게 뭐 있나. 이 나이에 변호사가 될 끼가, 노무사가 될 끼가. 송충이는 솔잎만 묵어도 배가 부른 기라.

백수 : 그만둘 만하니까 그만둔 거 아이가.

김쌤 : 대갈통에 똥만 들이찼는 기라 븅신아. 누울 자릴 보고 다릴 뻗으랬다고, 니가 청춘이가?

멱살을 잡고 대거리를 해야 할 타이밍에 웬일인지 말문이 턱 막혀 버린 백수다. 종양은 몇 해 전에 성공적으로 제거했지만 여전히 조심스러워하는 이쌤을 먼저 귀가시키고 이장이 뚫었다는 노래방으로 가 신나게 놀았다. 노래방 도우미의 손을 얌전히 잡고 노래만 부르는, 노래방엘 가서까지도 제 이미지 관리에 철저한 이장의 이상한 강박증은 여전했고, 남자 넷에 여자 둘이란 척박한 분위기에서도 제 파트너라고 짐짓 찜해놓은 도우미하고 노래 대신 야부리만 연신 풀어대는 김쌤, 생판 듣도 보도 못한 재야의 언더그라운드 노래들로 마이크를 독식하면서 입은 뒀다 뭐하냐면서 고래고래 질러대는 김박, 간만에 공술 호강에 들떠 짝으로 들어온 맥주를 병나발로 들이부으며 서비스안주 더 내놓으라고 연신 주인장을 볶아대는 백수는 그날 밤을 한껏 즐겼다. 딱 2시간만 놀다 간다는 철칙을 그날도 고수한 이장 등쌀에 꽉 채운 2시간 뒤 노래방을 나설 때는 자정을 이미 넘겼고, 늦은 밤 출출해진 뱃속을 국수로 달래는 것으로 회동의 대미를 장식했다.

이장 : 옛다. 젤 멀잖아 해운대가.

백수 : 내가 거지가?

김쌤 : 줄 때 얼른 받아라.

백수 : 오늘 여러 번 쪽팔리는데.

이장 : 그러게 성깔 좀 죽이고 살면 어데 덧나나. 잘 다니던 회사는 와 때리치워갖꼬.

백수 : 내가 무슨 큰 죄 짓나. 자꾸 와 그라는데 니들?

김쌤 : 얼릉 집에 들어가라. 집구석에 틀어박히서 궁상떨지만 말고 다른 데 자리 있는지 잘 디비보고.

김박 : 책 파묵는 짓이 얼매나 배고픈지 아나. 내 봐라. 박사라케도 꼬라지가 이 모양인데 우리 나이에 공부가 웬 말이고. 그건 쫌 아이다. 소싯적에 가오 잡고 호기 있게 니나노하던 기 니 참모습인기라. 그런 니를 다들 좋아라 하는 기고.

심야 할증료까지 더해서 택시 요금은 이만 원을 훌쩍 넘었다. 사람 우습게 보는 것 같아 언짢았지만 잘 받은 셈이다. 얼마짜린가 펴보니 신사임당 할머니가 인자한 미소를 짓고 있었으니까. 셈하고 남은 우수리가 의외로 두둑해 기분이 좋아진 백수지만 맥주 집에서 김쌤이 날린 일갈이 턱턱 걸린다. 송충이는 솔잎만으로도 배부르다…. 더운 밥 먹고 식은 방귀나 뀌는 녀석들인 줄로만 알았는데, 카운터펀치로 얼얼한지 백수는 신새벽에 술이 확 깨더라.

조르바를 닮은 사람

『그리스인 조르바』(니코스 카잔차키스, 이윤기 옮김, 열린책들, 2009)를 찾아 읽은 지는 얼마 안 됐다. 책 좀 읽는다는 사람들 사이에서는 이상적인 자유주의자로 회자되는 모양인데 읽고 난 소감은 세상 참 편하게 산, 역마살이 제대로 낀 괴짜 정도? 실존인물을 소설화했다니 완전 픽션은 아닐 테고 물레를 돌리자니 걸리적거려 제 검지를 도끼로 잘라 버리는 해괴한 기행(奇行) 따위를 제대로 정신 박힌 사람이면 벌일 짓인지, 이를 두고 '자유의지의 진면목'이랍시고 떠받드는 건 또 뭔지 전혀 이해할 수 없었다. 제 귀를 자른 미친 고흐나 오십보백보, 도긴개긴 다를 게 뭐 있나. 좌충우돌하는 미친 또라이 같으니라구.

다니던 회사를 나왔다. 사직이라는 막다른 결정을 내리기까지 숨이 턱턱 막혔던 지난 심정을 누가 알랴. 제 발로 뛰쳐나오며 쥐뿔만 한 자존심이나마 건진 건 그나마 다행이라고 자위하면서 실직에 애써 태연자약했다. 아무튼 역대급 무더위가 한창이던 그 여름 어느 날로부터 온 집안을 기름걸레로 닦아놓은 듯 반지르르해지도록 빈둥거렸다. 그렇게 소대장으로 전역한 1997년 한여름으로부터 쉬지 않고 밥벌이 최전선에서 돌격 앞으로만 거듭하다가 뚝 멈추고 제대로 나태해졌던 것이다.

하루는 세수를 하고 거울을 보다가 순간 우울해졌다. 턱수염은 하얗게 세고 썩은 동태 눈깔을 한 사내가 거울 저쪽에서 기신기신 서 있었다. 무상하다는 단어는 이럴 때 쓰는 게 어울린다. 각박하고 모진 세상, 뒤처지면 죽는 줄만 알고 애면글면하다가 낼모레면 오십 줄인데 가산이라고 해 봤자 은행에 진 빚을 제하고 나면 몇 푼 남지도 않을 아파트 한 채가 다고 그게 지나온 세월을 보상받을 만큼 대단한 것 같지도 않다. 이문 안 남는 장사에 헛심 썼다는 허탈감은 그렇다 쳐도 어영부영하다 여생조차 속절없이 사위어 드는 건 아닌지 괜스레 조마조마해진다.

중대한 결심이 필요할 것 같은데 그게 뭔지 손에 탁 잡히지는 않고, 설령 안다고 해도 무턱대고 저지르다 바닥으로 곤두박질칠 것 같은 불안감부터 먼저 앞선다. 세상과 맞짱을 뜨기에는 무기력해졌고 어설픈 열정이, 무모한 만용이 부를 득보다 실에 더 민감하기만 한, 어쩌면 인생의 유통기간이 하마 지나버렸을 거란 절망.

생각을 거듭할수록 갈팡질팡하기만 한다.

공짜라면 양잿물이라도 마시겠다는 일념으로 친구가 사 준 공짜 술에 흠씬 취해 집으로 돌아가던 중에 동네 편의점엘 들렀다. 자정이 한참 지난 가게엔 야간 알바 외에는 아무도 없었다. 무료함을 달래려는지 종업원은 통기타 한 대를 품에 안고 줄을 더듬고 있었다. 코드를 찾아 헤매는 게 초보 티가 완연한데 온 정신이 팔려 손님 드나드는 기척도 못 느끼는 성싶었다. 6으로 시작하는 나이로는 애매하고 5는 확실해 뵈는 그 종업원의 해이에 부아가 치밀었지만 입술 앙다문 고집스런 표정을 매장 진열대 사이로 훔쳐보면서, 소싯적엔 덜어내고 덜어내도 늘 가득 차 있었건만 기억의 등짝을 아무리 후려갈겨도 꿈틀하지 않는 서글픈 화석으로만 남은 열정이라는 감정을 그에게서 발견하게 된다.

진작부터 종업원을 알고 있던 터였다. 야간 근무를 자청한 덕에 항암 치료를 병행하던 바깥주인의 운신이 한결 편해졌다는 편의점 안주인의 전언은 그들만의 훈훈한 미담이었다. 매사가 꼼꼼해 더 고맙고 미덥다면서. 어느 이른 아침에 나섰던 달맞이언덕 산책길에서 그를 본 적이 있다. 일을 마친 퇴근길에 벤치에서 잠시 쉬는가 보다 지나치려는데 바다를 향해 반가부좌를 하고 명상에 잠기는가 싶던 그가 호주머니에서 불쑥 하모니카를 꺼냈다. 입으로 갖다 대는 품이 제법 그럴싸했고 여명의 적요함을 깨트리지 않은 것으로 미뤄 연주도 들어줄 만했으리라.

무척이나 신선했던 산책길 풍경을 본 대로 들려주자 편의점 바깥주인은 빙긋 웃었다. 워낙 말수가 적어 속사정을 알 수야 없지만 가솔 얘기에 말을 아끼는 걸로 봐서는 희비애환이 아주 없지는 않으리라 짐작할 뿐이라고 귀띔한다. 그러면서 기타든 하모니카든 만지작거릴 때가 제일 속 편하다며 그게 일상의 낙이라나.

계산대에서 바코드를 찍고 있는 사내를 물끄러미 쳐다보면서 궁금해졌다. 『그리스인 조르바』에 나온 '인간이어서 자유'란 구절이 의미하는 게 뭔지 당신은 혹시 아는지, 산투리(조르바가 항상 품고 다니던 전통 악기)를 켤 때면 말해도 들리지 않고 대답조차 할 수 없는 이유가 정말 열정 때문인지. 편의점 야간 알바 수입이 기타 줄을 튕기고 하모니카를 불어대는 재미를 지탱하고도 남아서 당신은 지금 정말 행복한지.

「구직」과 오래된 미래

막내딸 겨울 방학 막바지였지 싶다. 방학 내내 빈둥거리다 엄마한테 제대로 혼쭐이 났다. 자녀 교육의 공백을 늘 염려하는 워킹 맘의 심정을 반지빠르게 간파할 줄 알았다면 방학 숙제 따위는 진즉에 끝냈을 게다. 방학 때만이라도 알아서 척척 해주길 바라는 엄마 마음은 아랑곳없이 도끼자루 썩는 줄 모르다가 개학이 코앞에 닥쳐 그만 딱 걸렸으니 입이 열 개라도 할 말이 없다. 숙제 리스트를 훑어보던 마누라가 관람 체험부터 우선 서둘러야겠다며 일요일 아침 댓바람부터 식구를 끌고 가까운 부산시립박물관으로 향했다.

알싸한 날씨였음에도 불구하고 이중섭 그림을 전시하는 화랑은 관람객들로 붐볐다. <황소>만이라도 실물로 보고 싶었지만 아이 방학 숙제 해결하러 나와 놓고 어쭙잖은 짓 하는 것 같아 유료 관람인 점을 핑계 삼아 아쉽지만 발걸음을 돌렸는데, 바로 옆에서 부산 출신 작고한 사진작가들의 작품을 《시간의 산책자들》이란 타이틀을 걸고 전시한다고 해서 빼꼼 디다보니, 무료란다. 돌아다니기가 지겨웠던 두 딸들에게는 닭 대신 꿩일 수 있다면서 등짝을 밀어 기어이 입장을 하긴 했는데 미술관 전시를 관람했다는 증빙 사진 건질 것만 혈안이 됐지 전시회 그 자체에 심드렁하기는 아이들이나 나나 마찬가지였다. 그렇게 볼일 다 보고 마누라와 아이들을 먼저 내보낸 뒤 나는 전시회장을 몇 번을 훑고 돌아다녔는지 모른다. 넋이 나간 사람처럼.

추상성을 강조하는 회화와는 결이 다른 데다 전쟁의 아수라장에서 아득바득 발버둥치는 인간 군상들이 흑백 프레임에 핍진하게 남겨 생동감과 애틋함을 자아내기 충분했다. 실사(實寫)가 연출하는 묵직한 리얼리티가 무료했던 나를 들쑤셔 놓기에 충분했다. 그러다 한 사진 앞에서 나는 석상처럼 굳어 버렸다. 소름끼치도록 절망적인 무표정의 젊은 사내가 벙거지를 푹 눌러쓴 채 벽에 기대고 서 있다. '求職'이란 글자가 너무나도 슬프게 박혀 있는 명패를 두르고 말이다. 묘한 끌림이었다.

앙리 카르티에 브레송의 이른바 '결정적 순간(The Decisive Moment)'을 포착한 고(故) 임응식은 사진 작품은 결코 아름다움만 표현하는 게 아니고 삶 속에 일어나는 모든 현상을 표현해야 한다고 자신의 작품 경향을 자서전에서 밝혔다. 1953년이란 캡션이 달려 있어 사진의 배경이 되는 미도파 미장원이 미도파 백화점(1954년) 이후에 생긴 걸로 유추한다면 연출된 사진일 수밖에 없다는 비판론자의 주장에 작가적 양심이 의심스러우면서도 '그 형태가 너무도 완벽하고 풍부하며 또 그 내용의 호소력이 너무 강한 결정적 순간'의 강렬함 때문에 설령 의도된 연출이었다 해도 사진을 볼 때마다 내 심장은 한정 없이 펌프질을 해댄다.

이문재라는 시인이 한 일간지 칼럼에서 영화 《나, 다니엘 블레이크》의 관람소감을 밝히면서 가난한 사람들에게 '물고기 잡는 법'을 가르치지 말고 '물고기' 자체를, 그것도 현금으로 주라는 인류학자인 제임스 퍼거슨이 제시한 대안(기본소득)을 들었다. 「구직」 속 사나이의 무표정은 잉여 인간으로 전락한 오늘날 99%의 우울한 자화상이다. 벙거지를 푹 눌러썼어도 지독하게 침울한 절망을 감출 수 없듯이 시장논리에 매몰되어 보편적 가치가 무색해진 사회를 헤쳐 나가야만 하는 자들의 좌절된 미래는 그 어떤 위선적 구제책으로도 개선되기 어렵다. 생존의 버거운 쳇바퀴를 쉽 없이 돌려대지만 단 한 발자국도 나아가지 못한다. 극성스런 각자도생에 사활을 거는 엄혹한 현실 앞에 인간의 존엄성은 그 의미가 퇴색됐다. '자존심을 잃으면 사람이 아니'라는 블레이크의 주장도 공허하다. 자존심이 밥 먹여주던 시절은 기억 속에만 존재할 뿐이니까.

시인은 인류학자의 대안을 만지작거리면서 공감과 연대로 구축된 '오래된 미래'를 재소환하자고 부르짖지만 내가 보기에는 우리가 사는 시대는 이미 탐욕과 이기심으로 난도질당한 지 오래됐다.

'분배 정치'를 새로운 도덕적 가치로 제시하는 것이 시인의 순진무구한 감수성에서 비롯된 치기이거나 실현 가능성이 거의 없어 보이는 공허한 상상으로밖에는 받아들이지 못하겠다. 지독한 비관주의의 늪에서 허우적대는 내가 더 절망적이지만.

혹한 떨치려 들이마신 공복 소주가 과하긴 했나 보다.

망언다사(妄言多謝).

《은하철도 999》 전(展)

행성이 시멘트 빛으로 들불 번지듯 굳어 가는 절체절명에서 기적을 울리며 아슬아슬하게 하늘로 날아오르는 기차. 《은하철도 999》의 수많은 에피소드 중의 하나에 불과한데도 만화영화 그 자체로 여길 만큼 내게는 공포와 충격의 호러물로 깊이 뿌리 박혀 있다. 그러니 최소한 나에게만은 《은하철도 999》는 결코 어린이용이 아니다.

《우주 해적 캡틴 하록》, 《우주 전함 야마토》 등 레이지버스(마쓰모토 레이지 + 유니버스)로 통칭하는 마쓰모토 레이지의 공상과학만화에 열광하던 또래들과는 달리 철이 비슷한 캐릭터만 보여도 괜히 꺼려졌던 건 아마도 《은하철도 999》의 그 장면이 내 여린 심성에 공포심을 유발하는 인자로 두고두고 작용한 탓이 크리라.

대폿집 니나노 반주로나 어울릴 성싶은 청승맞기 짝이 없는 일본 노래를 고스란히 베끼건 말건 낭창낭창한 김국환 목소리가 압권인 '기차가 어둠을 헤치고'로 시작하는 주제가만은 은하수 너머까지 울려 퍼지도록 부르고 또 불러댔지만, 끝없이 펼쳐진 암흑의 우주를 질주하는 시커먼 기차와 보기만 해도 으스스한 메텔의 어두침침한 블랙 코트는 딱지 덜 떨어진 어린 것에게 우주를 향한 동경서껀 꿈과 희망의 메시지는커녕 디스토피아적 미래를 이식시키면서 기념비적인 트라우마로 자리 잡았다.

불온한 애니메이션.

하지만 블랙 코트에 가려진 육감적인 메텔의 나신(裸身)을 상상한달지, 우수가 서려 더 묘하게 야릇해 뵈는 얼굴선에 헨타이적 시선을 고정시키려는 작태가 어쩌면 소싯적에 잠재되었던 《은하철도 999》의 원초적인 공포감을 어떤 식으로든지 불식시켜 보려는 노력의 이면이라고 한다면 되지도 않는 견강부회나 일삼는다고 비난이 쏟아질까. 캐릭터에서 발산되는 에로틱한 이미지에만 골몰하는 저급한 관음증적 충동에 기대어서라도 7080세대라면 보편적으로 공유하는 《은하철도 999》에 대한 행복했던 추억에 뒤늦게나마 동참하고픈 내 바람은 절실하다.

그럼에도 기계 제국의 부품이 될 기계 인간으로 만들려는 추악한 임무를 수행하고자 엄마 잃은 가련한 영혼에게 접근하는 사악한 여자가 여정을 거듭하면서 공허한 영생 대신 보통 인간이란 유한한 인생의 가치를 자각하는 테츠로(철이) 성장의 촉매 역할로서 드라마틱하게 변모한다든지 모성 본능을 자아내는 보호자에서 동반자적 연인으로의 미묘한 관계로 변하는 듯한 뉘앙스를 풍기는 복잡다단한 메텔이란 타이틀 롤을 이해하기란 아둔한 나로서는 예나 지금이나 무리다.

서울 서초구 예술의 전당 한가람 미술관에서 열린 《은하철도 999》전(展)을 기념해 한국을 찾은 원작자 마쓰모토 레이지에 대한 기사가 2017년 3월 27일자 일간지에 일제히 떴다. 원작자가 밝히는 원작의 의미는 과연 무엇일지 궁금해서 유심히 읽어 봤더니 몇 가지 팁을 얻었다.

메텔은 라틴어로 '어머니'란 뜻이고 메텔이 입은 옷은 '여행 중 많은 생명이 죽음을 당하는데 애도의 의미를 담아 처음부터 상복을 입은 것으로 설정했다.'는 따위.

마쓰모토는 “메텔은 청춘을 상징하는 인물이고 철이가 보는 환상이기 때문에 《은하철도 999》는 청춘에 대한 송가”라고 정의했다. 혹시 영생을 얻을 수 있는 기계 몸으로 바꿀 생각이 있느냐는 기자의 질문에 그는 “영생을 산다면 대충대충 살 것이다. 살아 있다는 것은 한정된 시간을 사는 것이다. 시간은 꿈을 배반하지 않는다. 꿈은 시간을 배반하면 안 된다.”라고 단호하게 답했다.

한정된 시간을 악착같이 사는데 꿈이 배반할 리 없다는 그의 단호함에 화끈거린다. 《은하철도 999》의 기억을 리셋할 때다.

기억

배우 김영애 별세 소식이 2017월 4월 10일자 신문에 빠지질 않는다. 고인이 참여했던 인기 주말드라마 《월계수 양복점 신사들》이 종영되고 얼마 되지 않아 들려온 뜻밖의 타계 소식이라 더 안타깝다. 기사는 고인이 드라마와 영화에서 보여준 연기에 대한 열정과 사랑, 투병 중임을 숨기면서까지 드라마 촬영에 임했던 연기 투혼, 작품을 함께 했던 연예계 지인들의 추모와 애도가 내용의 주를 이루었지만 황토화장품 사업가로 겪어야 했던 부침과 정신적 충격으로 인한 발병 등 불우했던 말년을 선정적으로 보도하는 기사가 없지 않았다.

단선적 지문(地文)으로 데생했을 뿐인 대본 속 인물을 《인간극장》류 다큐멘터리에서나 나올 법한 생생하고 사실적인 인물로 구현해 내는 능력을 천부적인 끼로만 치부하기엔 일군의 중년 여배우들한테는 뭔가 다른 특별난 게 있다. 일세를 풍미하던 화용월태가 시나브로 세월의 더께로 그 윤기가 바래지자 간판에서 곁가지로 전락해 몸서리쳤을 인생무상. 그럼에도 고통스러운 환골탈태를 마다하지 않고 드디어 얼굴 뜯어먹고 사는 게 배우의 길이 아니란 실존적 각성에 이르러서 보다 선명하게 직면하게 되는 장삼이사들의 세상. 오만과 편견의 장막을 거두고 보통의 삶에서 펄떡거리는 생생한 리얼리티를 마침내 끌어올리는 쾌거. 수다스럽고 다혈질인 옆집

개똥이 엄마가 됐다가 나잇값 못하는 철부지 장모로 변신하는가 하면 표독스럽게 며느리를 몰아치는 시어미로 공분을 사더니 음흉한 계략을 꾸미는 팜 파탈로도 변신하며 실제를 방불케 하는 싱크로율로 가일층 극에 몰입시키는 마력. 생생한 리얼리티가 그들의 보도(寶刀)인 셈이다.

출중한 연기력만큼이나 그들에게 눈을 뗄 수 없는 건, '그립고 아쉬움에 가슴 조이던/ 머언 먼 젊음의 뒤안길에서/ 인제는 돌아와 거울 앞에 선' 중년만이 뿜어낼 수 있는 특유의 중후한 아름다움에 매료되었기 때문이겠다. 연륜이 쌓일수록 더 원숙해지는 자태와 전혀 고까워 보이지 않는 적당한 교만, 상대방을 무장 해제시켜 버릴 만큼 은은하게 들리는 고혹적인 보이스에서 성적인 충동마저 느낄 정도면 거의 불치에 가까운 상사병이다.

김해숙, 이휘향, 김미숙, 이응경, 차화연…. 비록 이들보다 이름값은 덜할지 몰라도 TV를 켜면 브라운관을 종횡무진 누비는 수많은 중년의 그녀들을 멀쩡하게 쳐다볼 엄두가 안 나 아이러니하게도 드라마라면 귀 막고 눈 돌린 지 한참이다.

일부러 무시하는 게 실은 열렬한 사랑의 다른 방식이라면 중년 여배우에 대한 내 관심이 혹 도착적인 집착이 아니라고 말 못 한다.

세상에는 이름 앞에 매혹적이란 수식어가 붙은 여배우가 숱하게 많은데도 유독 김영애의 부고 소식에 이리 애달파 하는 건, 고종석 소설(『빠리의 기자들』, 새움, 2014)의 한 대목(김현은 말했다. "사람은 두 번 죽는다. 한 번은 육체적으로. 또 한 번은 타인의 기억 속에서 사라짐으로써.")이 불현듯 떠올라 고인의 이름 위에 포개진 까닭이라고 할 밖에는 달리 설명할 길이 없다. 인식의 최후, 즉 기억의 강제적 소거는 육체적 기능 정지와 더불어 죽음의 다른 표현이다. 영원히 지워진다는 필연으로 인해 죽음은 매양 두렵다. 기억되지 않는 소멸만큼 서러운 게 있을까. 죽으면 그만이라지만 그 죽음에 대한 일말의 가치조차 소환되지 못하는 죽음은 공허해서 비참하다. 그러니 설령 비루하고 고약하기 짝이 없는 부스러기일지라도 제발 내가 회상되기를 바란다. 그리만 된다면 지난 삶이 결코 허무하지 않았다는 안도감에 임종이 행복할 게다.

다가올 내 죽음만큼이나 타인의 죽음 역시 받아들이기 힘들다. 흡사 묵은 체증마냥 거북한 것이다. 하지만 단 한 번도 만난 적 없는 고인을 위해 나는 오늘 추모한다. 레테의 강을 건너려는 이를 위한 나의 의식이 잊혀지기를 두려워하는 히스테리에서 비롯되었다 해도 말이다. 김영애, 당신을 영원히 잊지 않겠어요.

Fix You

추적거리는 비 때문만은 아니다. 고열로 며칠째 고생하다 겨우 퇴원은 했지만 그날 저녁에 재발한 막내딸의 열꽃 핀 얼굴 때문도 아니다. 밤 새워 간호하고 다시 병원으로 갈 채비를 하는 마누라의 푸석푸석한 얼굴 때문 역시 아니다.

대학을 졸업한 이후로 단 한 번도 만나본 적 없는 선배가 SNS 공간에서 대뜸 돈을 꿔달라고 요구하는 느닷없음 때문일까? 정중하게 사양하고 친구 삭제하면 그만이니 별일 아니다. 불과 얼마 전까지 빚 청산에 애면글면하던 내 옹색한 꼬라지가 그 느닷없음에 겹쳐지는 우연 때문이라면 더더욱 아니다.

별안간 사는 게 전쟁 같다는 두려움이, 일상이 뻘밭 같다는 불안함이, 여간해선 이 더러운 기분에서 쉽사리 빠져나오지 못할 것 같은 절망감이, 그러니 제발 누가 됐든 이런 나를 위로해 달라는 터무니없는 간절함 때문에 우울한 출근길이다.

Sergei Rachmaninov

벌겋게 충혈 된 눈, 지끈거리는 머리, 매슥대는 속. 숙취로 만신창이가 된 몸으로 한산한 새벽 버스에 겨우 올라탄다. 물 먹은 솜처럼 축 처진 몸뚱아리보다 행자이어티[Hangxiety, 불안(anxiety) + 숙취(hangover)]로 더 괴롭다. 불안과 우울로 무기력해진 심신을 추스르지 않으면 온종일 엉망으로 지낼 공산이 크다. 나는 별수 없이 라흐마니노프에 또 기댄다. 오늘은 피아노 협주곡 3번. 목적지를 코앞에 두자 45분짜리 콘체르토는 대단원으로 치달았고 그만 울컥해진 나는 술이 확 깬다. 찔끔거리는 꼴이 남사스러워도 근무 시작 전 각성이 다행스럽다. 세르게이 라흐마니노프는 오늘도 그렇게 나를 위무한다.

비단 문뱃내 풍기는 뒤끝에 찾는 숙취 해소용만은 아니다. 내 뜻과는 달리 일마다 배배 꼬이거나 지지부진을 면치 못해 심사가 울적하고 허허로울 때면 어김없이 그를 불러낸다. 위로받고 싶기도 하고 난관을 뚫을 용기를 얻고 싶기도 해서.

20세기 초 격변하던 러시아 정세 속에서 교향곡 1번의 참담한 실패, 그로 인한 심각한 우울증, 2월 혁명 이후 재산 몰수 등 계속되는 시련에도 불구하고 그런 경험이 보다 깊이 있고 설득력 있는 예술로 승화시켰다는, 지금은 고인이 된 저명한 클래식 음악평론가의 견해(한상우, 『한상우의 클래식 FM』, 북랩, 2014)는 인간계를 초월한 예술적 초인의 영웅담 같아 나는 별로다. 사람들 사이에서 회자되는 명작 치고 고난과 시련의 산통 끝에 배태되지 않은 게 없건만 간난신고를 예술적 창조성으로 승화시키지도 못하면서 어떻게 아티스트라 불리어질 수 있을지.

차이코프스키의 낭만주의를 계승하고는 있지만 차이코프스키 교향곡에서 느껴지는 광기 어린 열정, 혹은 극단적인 비극성을 라흐마니노프에게서 만나기는 어렵고 그보다는 좀 더 순화된, 어찌 보면 약간 차가운 느낌마저 감도는 낭만성, '귀족적인 침울함'이 여실하다는 의견(문학수, 『더 클래식 셋』, 돌베개)은 그래서 되레 반갑다. 슬라브적 감수성의 전통을 계승하되 답습하기보다는 그 전통에 기반을 두고 모던한 재해석을 시도한 참신성 혹은 반항정신의 산물로써 그의 작품은 가히 일품이다.

또 다른 측면에서 보자면, 러시아 귀족 출신으로 혁명이 일어나자 미국 망명길에 올랐지만 죽을 때까지 러시아를 잊지 못하는 절절한 그리움과 비즈니스에만 골몰해 사람을 들볶아대는 정 떨어지는 망명지 미국에서 가족의 생계를 책임지려고 혹독한 스케줄을 감수해야 했던 생계형 비르투오소 작곡가의 비감이 생래적으로 지니고 있던 슬라브 특유의 애수와 결합해 신경질적인 서정성으로 나타나 그렇지 않아도 지리멸렬한 일상에 묵직한 자극을 선사하는 고마운 존재이기도 하다.

유명한 레퍼토리 한두 곡에 기껏 꽂혀서는 라흐마니노프 덕후를 자처하는 꼴이 얼토당토않겠지만 라흐마니노프 생전 사진에 드리워진 시니컬한 우울마저 닮고 싶은 나는 그의 충직한 추종자이길 주저하지 않는다. 피아노 협주곡 2번 2악장과 교향곡 2번 3악장 테마를 차용해 <All By Myself>, <Never Gonna Fall in Love Again>이라는 팝 발라드로 변주해낸 에릭 카멘(Eric Carmen)이라는 위대한 추종자에는 미치지 못하더라도.

gloomy bus

승객으로 북적이는 러시아워를 피해 이른 아침 버스를 탄다. 월급을 더 쳐줄 것도 아니고 사무실에 이쁜 새 각시라도 숨겨 놨으면 몰라도 천날만날 새벽 댓바람에 출근하는 저의가 뭐냐는 마누라 등쌀에도 내 루틴 고수는 완고하다. 아침잠은 진즉에 사라진 데다 똑같은 요금을 내고 타는 버스라면 가는 목적지까지 여유롭고 안락해야 하고 그러자면 출근을 서둘러야 한다는 원칙이 거의 강박증에 가까운지라 아침형도 성에 안 차 꼭두새벽에 혼자 바쁘고 자빠졌다, 소소한 잡사에 헛심 쓰는 성미가 이미 오래전부터 묵은 고질이라 팔자려니 여기고 살 밖에.

우리 아파트 바로 앞 버스 정류장(해운대 영남아파트)에서 목적지인 온천장 정류장까지 운행 시간만 거의 1시간. 명색만 광역시이지 엎어지면 코가 다 닿는 부산 안에서 1시간 소요는 꽤 긴 편에 속하는 코스다. 내가 가장 집착하는 좌석은 버스 운전석 바로 뒷줄의 두 번째로 앞바퀴가 버스 바닥 위로 튀어나온 만큼 앉을 공간을 기형적으로 넓힌 의자다. 두 다리를 쭉 뻗어도 될 만큼 넉넉해서 먼 길 가는 입장에서야 그만한 로얄석이 따로 없다. 버스를 타면서 승차감을 논하는 게 우습지만 리무진 뒷좌석이 결코 부럽지 않다고 한다면 지나칠까. 그러니 내가 집착할 수밖에 없고 버스에 올라서 그 자리에 작석하느냐 못 하느냐에 따라 그날 일진을 예상할 정도가 되었으니 숫제 병이다.

하지만 6시 40분에서 7시 사이에 버스를 타는 사람 중에 불청객 같은 인물이 나타나 요즘 내 심기가 여간 불편한 게 아니다. 50대 중후반으로 보이는 남성은 근래 같은 정류장에서 같은 시간 같은 버스를 타는 횟수가 잦다. 내가 버스를 세낸 것도 아니니 같이 타고 가는 걸 트집 잡으려는 게 아니다. 다만 이 양반의 행상머리가 하도 어수선산란하고 내가 보기에는 너무 단작스러워서 자꾸 신경이 곤두서는 게 문제다. 정류장 주변에서 우왕좌왕 안절부절못하다가 버스가 막 도착할라치면 그 육중한 덩치로 후다닥 뛰어들어 들입다 버스 입구를 먼저 장악한 뒤 내가 가장 아끼는, 내가 앉아야만이 비로소 하루의 일진이 편해질 내 지정석에 그만 엉덩이를 척 붙여 버린다.

눈 뜨고 코 베인 꼴을 당한 듯 얼떨떨해하다가 미처 예상치 못한 상황으로 인한 낭패감에 어쩔 줄 몰라 하더니 상투 끝까지 치밀어 오르는 부아를 꾹꾹 눌러 가며 결국 다른 자리를 찾아 헤매는 내 꼴이 정말이지 불쌍하고 처량하다. 한두 번도 아니고 볼 적마다 탈취를 당하니 내 심통이 오죽할까. 먼발치에서 그 자의 그림자만 비쳐도 신경이 곤두서질 않나, 소리 없는 좌석 전쟁에서 대패한 뒤 당한 원망의 생채기는 또 어찌나 깊던지 내 출근길은 엉망진창이 되어 버린 지 오래다. 하여 전장에 임하는 병사의 심정으로 전의를 불태우면서 새벽 출근을 준비하는 근자의 내 모습은 암만 좋게 봐도 살벌하기 그지없다.

그날도 무언의 좌석 싸움에서 완패해 뒷방살이 신세를 못 면해 그 자의 머리가 하얗게 센 볼품없는 뒤통수만 째려보는 것으로 분을 삭일 뿐이었다. 그렇게 한 사십 분쯤 흘렀을까. 한 정류장에서 역시 50대 중후반으로 보이는, 이번에는 여성이 내가 원래 앉아야 할 지정석 바로 뒤의 좌석에 앉더니 뭔가가 잘못되었다는 표정을 지으며 앞좌석 그 자를 연신 훑어대더니 이윽고 버스 안을 두리번거리기 시작했다. 그렇게 구석구석을 스캔하던 중에 나와 눈이 딱 마주치자 알 듯 모를 듯한, 엷게 미소를 짓는 것 같기도 한, 표정을 짓고는 고개를 휙 돌린다.

아, 이 여성분으로 말씀드릴 것 같으면 나만큼 내 지정석 바로 뒤 좌석에 집착하는 승객으로서 뒤에서 무슨 꿍꿍이짓을 벌이는 건지 내 좌석의 등받이가 들썩들썩할 만치 무시로 부스럭대는 분이시다. 더 고약한 건 목적지가 가까워져 내가 출구 앞에서 기다리고 있으면, 어김없이, 어병해 보이는 표정과는 다르게 지분거리는 시선으로 나를 아래위로 훑어보는 이상한 버릇이다. 한 번은 기분 나쁘게 왜 자꾸 쳐다보냐는 경고로 내가 꼬나봤더니 민망해하기는커녕 소 닭 보듯 더 무심하게 쳐다보는 통에 내가 되레 눈을 깔고 만 적도 있었다. 예외는 없어서 그날도 여전히 위아래 아래위로 기분 나쁘게 훑고 있단 걸 뒤통수에 눈이 안 달렸어도 나에게는 훤히 보였다.

하지만 그날만은 변태 같은 시선 따위는 안중에도 없을 만큼 억울했다. 정류장에 나밖에 없어서 오늘만은 무지막지한 적군의 훼방 없이 지정석에 앉을 수 있으리란 확신에 차 느긋하게 버스를 기다리고 있었는데, 빌어먹을 버스 기사가 원래 지점에서 사오 미터나 지나쳐 횡단보도 앞에서 정차하는 바람에 마침 횡단보도를 지나던 그 자가 어부지리를 얻은 게 두고두고 분통이 터져서다.

아, 나의 출근길 버스는 잿빛으로 물들었도다.

당신이 잘 있으면 나도 잘 있습니다

금요일 퇴근을 앞두고 히키코모리 김 선생을 불러냈다. 여기저기로 연통을 했지만 금쪽같은 불금을 머스마와 보내기가 꺼려서인지 신통찮은 대답들만 돌아왔다. 마지막으로 통 두문불출해 큰 기대 없이 의중을 떠본 김 선생인데 어렵쇼, OK란다. 녀석 아니었음 울적한 심사를 혼술로 달랠 뻔했으니 친구 마음을 어떻게 알아보고 달려와 준 성의가 그저 고마울 뿐이었다.

한 학기 시한부이긴 해도 9월부터 기간제 국어교사 근무가 결정된 직후여서인지 한결 여유가 있어 보이는 녀석과 대작하고 있자니 오늘이야말로 이런저런 잡사들로 응어리진 스트레스나 모조리 날려버리리라 작심하고 소맥을 만 폭탄주를 거푸 들이켰다. 곰과 소가 흘레붙어 새끼를 낳으면 딱 이런 놈일 거라고 김 선생을 볼 적마다 나는 혼자서 상상하다 피식거린다. 싫어도 싫은 내색 못 내고 속으로만 묻어 두다 그 속이 문드러져 있는데도 참고만 살아서 곰 같이 미련한 건지 소를 닮아 우직한 건지. 정당한 제 잇속조차 챙기지 못하는 꼴이 안쓰럽다가도 저래서야 어디 사람 구실이나 제대로 하겠냐며 돼먹잖은 지적질에 훈수질이 잦았다.

김 선생이나 나나 쪽박신세이긴 매한가지라 동병상련의 애틋한 감정으로 술자리는 한껏 고무됐다. 그날따라 자못 진지하게 풀어내는 김 선생의 카운셀링은 심심한 위로가 됐고, 그런 녀석이 영화 《굿 윌 헌팅》에서 심리학 교수로 열연한 로빈 윌리엄스와 참 많이 닮았단 어처구니없는 착각이 들기까지 했다.

소맥이 몇 순배 돌던 중에 "굳이 말하진 않았지만 누군들 힘들었던 날이 없었겠냐?"며 녀석이 뚱딴지같은 소리를 뇌까렸다. 그리고는 어느 누구한테 단 한 번도 꺼내 놓지 않았다는 10여 년 전 제 행적을 건조하기 짝이 없는 음색으로 자분자분 털어놓았을 때 술기운은 애저녁에 달아났고 벙찐 채로 멀뚱멀뚱 녀석의 얼굴만 쳐다볼 뿐이었다.

변변한 직장도 없이 30대 중반 늦은 나이에 겨우 들어간 교육대학원. 등록금을 마련하기에도 턱턱 숨이 막히는데 갑자기 불거진 가족 빚까지 혼자서 다 떠맡아야 하는 이중고에 처하자 신문 배달, 음식 배달, 과외, 학원 강사 등 돈이 될 만한 일이면 닥치는 대로 하면서 대학원 삼 년을 꾸역꾸역 견뎠다. 교사 자격증을 취득하기까지 온갖 고초를 다 겪었을 녀석을 지금 나와 함께 잔을 기울이고 있는 순둥이 김 선생과 어떻게 매칭을 시켜야 할지 참 난감했다.

"대학원 졸업을 앞두고 배달원으로 근무하던 가게 사장님한테 그동안 고마웠다고 작별 인사를 하니까, '처음 손을 봤을 때부터 이 바닥에서 일할 사람이 아니란 걸 알았지. 그래도 용케 잘 참아왔구려.' 그러더라."

간단한 입가심으로 2차를 끝내고 작별을 고할 때, 여름밤 어느 길 저편에 서서 세상의 짙은 어둠을 뚫고 들려오는 괜찮아질 거란 녀석의 인사에 가슴 뿌듯한 감사를 느끼며 나 또한 녀석의 처진 어깨에다 대고 읊조린다.

Si vales bene valeo(당신이 잘 있으면, 나도 잘 있습니다)

여가 생활

생활협동조합 사무실은 그 조합이 운영하는 요양병원 안에 있어서 병원 관계자들과는 자연스럽게 안면을 트고 지냈었다. 그 중에 특히 원무과 김 계장과는 일 년 넘게 점심을 같이 먹는 사이였다. 30대 초반 나이라고는 도무지 믿겨지지 않을 노련함으로 무장한 그를 '주도면밀'과 '철두철미' 외에 설명할 단어가 달리 없다. 세상의 온갖 유혹을 떨쳐버린 수도사인 양 금욕주의적 생활을 일이관지하거나 맡은 업무에 관한 한 그 어떤 요령도 불허하는 완고함과 결벽증이라고 할 밖에는 표현할 길이 없는 완벽 추구에는 기가 팍 죽지만 젊은 사람이 무슨 낙으로 살까 하는 안쓰러움이 사실 더 컸다. 그렇게 내 눈에는 쾨니히스베르크의 시계가 된 칸트처럼 보이던 그가 하루는 묻지도 않은 자기 얘기를 꺼냈더랬다.

김 계장은 부산 출신이 아니다. 타지에서 부산 출신 아내를 만났고 부산으로 이주한 지는 서너 해쯤 된다나. 다섯 살 된 딸아이를 뒀는데 3교대 근무로 생활리듬이 불규칙한 간호사 아내에 비해 출퇴근이 일정한 김 계장이 퇴근하면 딸아이 육아를 도맡는다. 딱히 여가생활이랄 만한 취미나 특기가 없고 흥미도 별로 못 느낀다고 했다. 이곳 출신이 아니니 회포를 풀 만한 주변 친구가 있을 리 만무하고 음주가무를 즐기는 스타일은 더더욱 아니란다.

그러고 보면 제 깐에는 어색한 거리감을 좁혀 보려는 심산으로 줄기차게 저녁이나 한 끼 먹자고 한 내 제안에 어지간히 곤혹스러웠을 것 같다. 남 시정이야 아랑곳하지 않고 왜 같이 안 놀아 주냐고 칭얼대는 거나 다름없었던 내 꼴이 어찌나 민망하던지 참. 기기다가 또 언세 들을지 모를 김 계장 사연이 행여 끊길까 더 조신하게 경청해도 시원찮을 판에 그 망할 놈의 오지랖은 왜 또 눈치 없이 발동하는지 자분자분 얘기 잘하는 김 계장 입을 틀어막고는 조언이랍시고 입방정 놀리는 작태를 저지르고야 만다. 언제 사람 될래.

여섯 살 터울이 진 딸 둘을 키우는 아빠 경험에서 비춰 보건대, 아이가 스마트폰을 제가 가지고 노는 장난감마냥 거리낌 없이 만지작거릴 즈음부터 아빠를 살짝 거추장스럽게 느끼기 시작할 게다. 마냥 내 품의 인형 같을 것만 같던 딸이 시나브로 자기만의 세계를 구축하더니 더 이상 아빠와의 교감에 흥미가 없다는 느낌이 들 때, 더 적나라하게 표현하자면 더 이상 아빠가 필요 없어서 배척할 때, 괜히 질척대지 말라. 아무리 피로 맺어진 가족 간이라도 추해 보인다. 서운한 마음에 더 다가선들 오히려 불편한 현실만 재확인할 뿐이니 차라리 냉정하게 다음을 준비하는 게 현명하겠다. 이런저런 사정으로 김 계장이 육아를 전담하는 바람에 딸아이에 대한 애정이 누구보다 돈독하단 건 충분히 이해가 가지만 당신도 머지않아 느낄 게다. 부모와 자식 사이의 피드백은 절대 균등하지 않다는 걸. 항상 어느 한쪽이 손해를 보게 돼 있고 지금 아이 쪽으로 기운 부등호 기울기는 아이가 자랄수록 점점 더 커질 거다. 그 불균형이 해소되려면 아마 김 계장 당신이 지금 당신 딸만 한 손자를 안고 있을 때쯤이지 싶다. 부모 마음은 부모가 돼봐야 아는 법이니까. 그러니 이참에 육아 말고도 재미를 붙일 거리

하나쯤 만들어 여가를 즐기는 게 신상에 이롭다.

풍기는 이미지로야 대형병원 총수 후계자도 저리 가라 할 정도로 위풍당당한 김 계장 앞에서 나가도 너무 나갔구나, 아차 싶었다. 그런데 돌아오는 반응이 어째 뜻밖이다.

"그렇겠죠…? 저도 조금 고민이 되긴 해요."

한 주 근무가 끝나는 불금 저녁만 되었다 하면 캠핑장으로 달려가는 친구가 있다. 캠핑 동호회원으로 만난 멤버들과 북적북적 어울리며 그날 밤부터 집으로 돌아오는 일요일 내도록 숯불에 고기 구워먹고 빔을 쏴 영화보며 암만 퍼마셔도 취하지 않는다면서 있는 술 다 거덜을 낸다고도 했다. 결혼한 지 20년이 다 되도록 무자식인 부부가 주말을 덜 적적하게 보내기도 하거니와 원체 먹고 마시는 자체를 즐겨라 하는 바깥양반(내 친구는 어마어마한 대식가면서 말술이다)의 성향도 고려한 절묘한 라이프 스타일이라는 안주인의 귀띔에 고개가 끄덕여지지만 나라면 즐기지 않을 욜로(you only live once) 방식이라 썩 부럽진 않다. 자식 없는 허전함 때문이든 가출만 하면 기분이 좋아지는 변태 기질이든 간에 아웃도어를 주야장천 감행하는 친구와는 달리 자식이 둘이나 딸려 있어도 허전하기는 도긴개긴이고 외출한다며 부산떠는 걸 극도로 혐오하는 나를 굳이 한 단어로 표현하자면 코쿠닝(cocooning)이다. 한 공간에서 거의 모든 게 이뤄질 수 있도록 동선을 가급적 최소화하는 것, 내가 여가생활을 즐기기 위한 대전제이자 마누라와 이혼한다면 서류 맨 위에 적힐 이혼사유다.

독감 걸린 마누라가 접근금지를 선언하는 바람에 오도 가도 못 한 신세가 될 뻔하다가 다행히 두 딸이 거실에서 자기들끼리 자겠다고 해 자연스럽게 막내딸 방으로 이주한 지 여러 날 되었다. 하지만 어린이용 싱글 침대 외 책상, 의자만 달랑 있는데도 비좁기 짝이 없는 막내딸 방에서 나는 모처럼만에 안락함을 만끽한다. 방문만 닫으면 문턱의 이쪽과 지쪽이 완진히 격리되는 경이로움을 느낄 만치 독방은 참으로 고요하다. KBS 클래식 FM을 켜둔 채로 그냥 멍하니 있는다. 그러다 졸리면 침대 위에 엎어져 그냥 잔다. 출출해지면 부엌에 가 컵라면을 꺼낸다. 온수를 부은 컵라면을 들고 방으로 들어간다. 다시 문을 닫는다. 독방은 여전히 고요하고 라면을 맛있게 먹고 난 나도 여전히 멍하니 있는다.

천날만날 그럴 수야 없지만 그렇다고 쉽사리 버리지도 못하는 내 여가 생활은, 무위(無爲)다.

돈 돌려드립니다

식곤증으로 나른한 오후에 낯선 번호로 폰이 울렸다. 수화기 너머로 아무개 은행 아무개 지점 아무개 직원이라고 밝힌 낯선 여자 목소리는 500만 원이 내 계좌로 잘못 입금됐다고 친절하게 알려 줬다. 읊조리는 계좌번호가 선뜻 귀에 안 들어오는 걸로 봐서는 장롱 속 휴면계좌일 성싶은데 당장 통장이나 카드가 있을 리 없어서 처리할 방법을 알려 달라고 되물었다. '번거로우시더라도' 가까운 지점으로 꼭 내방해 송금 의사를 밝힌다면 은행 직원이 알아서 다 처리해 준다고 했다.

뭐니 뭐니 해도 제일 중한 머니를 이체하면서 받는 사람이 맞는지 확인도 안 하고 대뜸 보내 버린 정신머리 가출한 송금인이 한심스럽다가도 실화를 바탕으로 한 TV 프로그램에서나 볼 법한 황당한 사건을 막상 맞닥뜨리고 보니 생때같은 돈을 한순간 실수로 날릴 판인 상대방의 애타는 심정을 나 몰라라 하진 못하겠더라. 그럼에도 버스 두 정거장 거리는 족히 되고도 남을 빌어먹을 '가까운 지점'엘 떠밀리듯 가는 수고와 내 돈인 양 마지못해 적선할 때 드는 구차한 미련 때문에 은행 문 앞에서 한동안 망설이지 않았다면 거짓말이다.

이체 사고 통문이 이미 돌았는지 신분증을 확인하자마자 일처리는 일사천리로 진행됐다. 은행 직원은 당연하지만 의로운 결심을 했다면서 연신 고맙다고 인사했다. 송금 오류가 비일비재한 만큼 미회수도 흔하다는 설명은 충격적이었다. 자기 계좌에 갑자기 공돈이 들어 있다는 사실을 알고 난 직후부터 연락을 끊어버리는 사례가 심심찮다고 했다. 그런 수취인을 처벌할 수 있는 법적 근거가 마땅하게 있는 것도 아니랬다. 송금을 잘못했네, 어쨌네 사연이 아무리 구구절절해도 한 번 들어온 돈의 소유권은 입금 계좌의 소유자에게 있어서 원래 주인에게 되돌려 주기 위해서는 계좌주의 양심과 아량에 기대는 수밖에 없고 해당 은행이 양자 간에 끼어들 명분이 없다고도 했다. 은행법에 정통한 은행 직원의 설명이니 그런가 보다면서 넘어가려는데 살짝 떨떠름했다. 온갖 명목으로 수수료는 다 받아 챙기면서 결정적일 때는 몸을 사리는 은행의 처신이 과연 정당한 건지 고객 관리도 안 하는 은행이 존재할 이유가 있기나 한 건지 의심스러워서였다.

은행 창구에서 칙사 대접 제대로 받는 중에도 흑심이 아주 사라진 건 아니었다. 급한 일이 생겼다고 하고선 자리를 박차고 나갈까, 그런다고 제지할 사람 아무도 없다고 하질 않나, 돈에 날개가 달릴 리 없으니 입 싹 닦는 순간 다 내 돈 아닌가, 의인인 척 가식 떨지 말고 본능에 몸을 맡기는 게 어때? 허나 거기까지만. 잔망스런 견물생심이 노곤한 오후를 잠시 들쑤셔댔지만 쓴웃음 한 번으로 훅 날려 보냈다. 불로소득이라는 께름칙한 꼬리표에 무감각할 만큼 심지가 그리 뻔뻔하지 못함은 물론 돈 잃고 피눈물 흘렸을 원주인의 원한과 저주가 밤마다 악몽으로 나타날까 두려웠다. 한마디로 양심이 마구 찔렸다는 얘기다.

되돌려 주는 절차를 모두 마치자 약간의 사례금을 보내겠노라 정중하게 나신해 왔다. 짐짓 무심한 척 편한 대로 하시라 말한 뒤 은행 문을 나서려는데 직원 두엇이 자리에서 벌떡 일어나 옥타브를 높여 '안녕히 가세요.'

'감사합니다.'를 연호했다. 네 돈이 내 돈이고 내 돈도 내 돈이라며 돈돈돈 거리다 출장 돈에 치여 사는 내가 돈으로 통쾌한 미담을 만들어선지 살짝 우쭐해졌다. 세상은 참 아이러니하다. 사례금으로 5만 원을 받아 사무실 직원들한테 롤케익으로 한 턱 쐈다. 이럴 때 쓰는 돈은 정말 요긴하고 매력적이다.

©CHOCHULJE

현재를 잡아라, 미래에 대한 믿음은 최소한으로 해두고 Carpe diem, quam minimum credula postero

모처럼 큰딸과 산보를 나왔다. 발걸음 맞추며 느긋하게 주고받는 대화에 윤기가 서려 있다. 어느새 딸은 어른의 언어에 제법 능통해 있었다. 이런저런 말들을 주고받지만 실상은 아비가 더 수다스럽다. 침까지 튀겨 가며 떠벌여대는 아비와 달리 점퍼 호주머니에 손을 찌르고 고개 숙인 아이는 주로 듣기만 한다. 그래도 이만저만하지 않게 허심탄회해서 대화상대로 임자 제대로 만났다. 진지하게 경청하는 품이 상대방을 배려하는 태도로 그만이다. 그러다가 고민이 있다며 바람을 잡는다. 품이 자못 심각하여 아비란 작자 아연 긴장한다.

방학 때 아르바이트가 하고 싶다고 했다. 괜찮은 생각이라고 흔쾌히 대답했다. 근데 엄마가 난색이란다.

"공부에 방해될까 봐 그런 거겠지."

"몰라. 왜 하지 말라는지 말을 안 해줘."

아비를 애절하게 쳐다보는 표정이 고양이 목에 방울을 다는 용감무쌍한 쥐로 변신해 달라는 부탁이 역력하지만 아비도 껄끄럽긴 매한가지라고 자백했더니, '그럼 그렇지.' 썩소 날리는 걸 잊지 않는다. 제 용돈은 제가 벌고 싶단다. 자기 밑으로 만만찮게 들어가는 교육비가 내내 마음에 걸렸나 보다. 엄마가 회사를 그만둘지도 모르기에 걱정은 더 커졌다고도 했다. 아비 꼴로 봐서는 딱히 묘수는 안 보이고 여차하다간 소녀가장 코스프레를 시현할지도 모른다는 불안감이 엄습하기라도 했는지 고되더라도 엄마가 계속 일을 해주기를 바라는 눈치다. 여자 마음은 여자가 잘 안다는 편파성 속에 감춰진 냉철한 현실 인식이 무섭다. 그래도 오늘 대화 좀 된다. 엄마가 하루라도 빨리 관뒀으면 좋겠다는 아비 말이 원하는 대답이 아니라서 어리둥절해한다. 아비란 작자가 제 정신이냐며 힐책성 레이저빔을 잠시 쏘아댔지만 이유나 들어 보자며 귀를 쫑긋 세운다.

아빠는 여태껏 엄마가 강골인 줄 알았다. 갑자기 신우신염으로 이레가 넘도록 입원한 엄마를 지켜보면서 나이는 못 속이는구나, 처음으로 걱정을 했다. 여생이 편하자면 지금부터라도 건강관리를 해야 하고 회사를 그만두는 게 현명한 결정일지도 모른다. 비록 살림은 더 구차해질지 모르겠지만 현실을 냉정하게 직시할 필요가 있다. 아비는 말할 것도 없고 엄마도 더는 획기적일 수 없다. 달리 표현하자면 일확천금을 벌 만한 깜냥은커녕 바랄 요행수도 별로 없다. 로또나 당첨되면 모를까. 그러니 언제가 될지 모르는 장밋빛 미래에 얼마를 더 벌어 호강을 누린다는 따위 희망 고문일랑 아예 접자. 통장 잔고에 하나뿐인 목숨을 걸 아둔한 짓은 더 이상 안 했으면 좋겠다. 엄마가 회사를 관두겠다고 폭탄선언을 했을 때 솔직히 아비도 막막했었지만 금세 생각을 달리 먹었다. 설마 산 입에 거미줄 칠까. 없으면 없는 대로 요령이 생긴다. 속 편하게 안분지족하면서 우리 네 가족 건강하게 사는 게 더 낫지 않을까. 잔소리가 좀 심한 게 흠이지만 아빠는 단 한 번도 그런 엄마가 없는 일상을 상상조차 안 해봤다… 뭐 그런 내용.

당면한 이 순간을 즐기면 어떨지. 그런 순간순간들이 쌓여 오늘이 썩 괜찮은 하루로 기억되고 그런 하루하루가 모여 다가올 미래가 풍요로워진다면? 객관적 시간(Chronos)은 불가항력일 테지만 창조적 시간(Kairos)을 어떻게 다루느냐에 따라 오늘은 어제의 연속이 아니라 새로운 하루가 될 수 있다. 지금-여기에 몰두하지도 못하면서 내일, 내달, 내년, 십년, 미래를 걱정하는 건 모래 위에 집을 쌓는 짓과 뭐가 다를까. 충실하고 복된 오늘을 위해 우리 다함께 carpe diem!

그 입 다물라

말 잘하는 사람은 쌔고 쌨어도 말 잘 듣는 사람을 찾기란 쉽지 않다. 잘 듣는 사람도 드문데 경청에 열중하고 화자를 위해 균형 잡힌 맞장구까지 쳐주는 사람은 하물며다. 서로 제 귀는 닫은 채 일방통행식의 불통 대화만 이어져 결국 악감정의 비수를 휘두르다 원수진 경험이 아주 없진 않을 게다. 귀를 닫을 양이면 말도 마는 게 가장 현명한데 그게 잘 안 된다.

10여 년 전 파트너십으로 만난 동갑내기 여성을 팀장으로 모신 적이 있었다. 두뇌 명석하고 성격 쾌활하며 은은한 미소로 팀원들을 늘 편하게 대해 주면서도 똑 부러질 땐 서슬 퍼렇게 단호한 엄마 리더십이 몸에 밴 인물이었다. 당시 함께 근무했던 조직 내에서 존경과 흠모를 한 몸에 받은 건 불문가지. 하지만 내 뇌리에 그이가 콱 박히게 된 건 독특한 화술 때문이었다.

그이는 최대한 진득하게 듣는다. 말하는 이가 제 속에 든 말을 모두 소진할 때까지 지독시리 듣는다. 귀만 진지하게 열어놓고 있는 게 아니다. 말을 하면서 시시각각 변하는 상대방의 감정을 잘 캐치해 그에 딱 맞춰 반응하는 깔 맞춤 리액션이 일품이다. 말하는 이에 대한 최선의 배려로는 다시 없다. 상대방이 희희낙락 신나게 떠벌리면 만점 답안지를 자랑하고픈 자식을 바라보는 어머니 같은 대견한 표정을 짓고, 치미는 분노로 높아진 언성에는 같이 분한 기색으로 두 눈에 쌍심지를 켜는 식으로 호응한다. 설령 각고의 노력에서 비롯된 고도의 처세술일망정 꾸밈없이 공감하고 동조하려는 그이에게 감동받지 않을 이는 없다. 그러니 이후로 그이에 대한 전폭적인 지지와 협조는 안 봐도 훤하다. 만인의 연인은 그이를 두고 하는 말인 듯 한 번이라도 대화를 나눠본 사람이라면 누구든지 먼저 다음을 기약하려 했다.

하지만 때로는 터무니없이 입술을 놀린다든가 당치도 않게 헤살을 부리는 상대방과 마주대하고 보면 짜증이 날 법도 한데 말하는 이의 기분을 상하지 않게 하면서도 할 말은 해 상황을 정리하는 내공을 시전하기도 한다. 가히 입신의 경지에 들 만하다. 이런 경우를 본 적 있다.

타당성이 전혀 없는 플랜임을 당사자만 모르고 다 아는데도 추진하겠다고 떼를 쓰는 팀원이 있었다. 플랜이 추진되어야 할 당위성을 제대로 밝히지는 못하면서 억지만 부리더니 자기를 무시한다면서 급기야 원망조로 마구 짖어대기 시작했다. 듣다듣다 앙다문 입술 한 쪽이 살짝 실룩거리는 걸 포착한 나는 그이의 인내심이 한계에 달했다고 직감을 했고 아니나 다를까 곧이어 툭 튀어나온 그이의 한 마디.

속상한 네 마음을 내가 모를 리 없고 어지간히 씨부렁댔으니 이쯤하고 그만두라고 타이르듯 두 눈가에 옅은 웃음기(그건 염화미소였다)를 띠고.

"그 입 다물라!"

발화 시점에서 극적으로 대비되는 시니피에와 시니피앙의 부조화. 그이가 내뱉은 엄포와는 전혀 판이한 이율배반적인 표정, 그로써 급변하는 대화자 사이의 감정적 밀도. 그리고 상황 끝.

옥스퍼드대 한국학·언어학과 교수인 지은 케어는 한 일간지 칼럼에서 무엇을 말하는가도 중요하지만, 어떻게 말하는가, 어떻게 대화해야 하는가도 역시 매우 중요하다고 했다. 인생도처유상수(人生到處有上手). 대화의 기술에 관한 한 그이는 숨어 있는 고수임에 틀림없다.

시인과 선배

국어교사이면서 문학평론가로 활동하는 국문과 동기인 박과 차를 마시던 중에 '김언'이란 필명을 가진 시인 얘기가 나왔다. 나는 그 시인을 꽤 아는 편이다. 시인의 본명을 알 뿐 아니라 그가 나온 고등학교, 대학교 전공까지 꿰고 있으며 심지어 쇠도 씹어 삼킬 이십 대 초반에는 하루가 멀다 하고 학사주점을 함께 들락거리던 사이였다. 막역지간까지는 아니더라도 나더러 형이라 부르는 데 주저하지 않았고 소심하고 얌전한 성향이었던 시인이 좌충우돌 다혈질인 나를 얼마간 어려워하는 것 같기도 했다.

이후 15~6년이 지나 서울에서 그를 다시 만난 적이 있었다. 문단에서 차세대 대표 시인으로 제법 각광받고 있던 무렵이었고 보험 설계사로 전직한 내가 건수 하나 물 작정으로 그를 수소문해 만났을 것이다. 신대방동 보라매공원인가에서 해후했을 때 깡마른 체구에 어눌한 말투는 여전했지만 사람을 쳐다보는 눈매는 이전보다 살짝 형형한 걸로 기억한다. 저명한 문학상까지 수상한 시인이래서 꽃길만 걷는 줄 알았고 부산에서 서울로 먼 걸음 한 형이 들이민 보험 청약서니 군말 없이 서명하는 훈훈한 그림만 상상했지만 묵묵히 내 설명을 듣기만 하던 시인이 갑자기 선배란 작자의 입을 막고 한 마디 툭 던졌다. 어찌나 민망하던지 나는 서류 뭉치를 얼른 가방 속으로 밀어 넣고 후다닥 지퍼를 닫아 버렸다.

"국문과 출신이면서 형은 모르시는 거예요, 모르는 척하시는 거예요? 밥 굶을 작정하고 시를 쓴다는 걸?"

동기 박이 전하는 시인의 불행한 가족사는 내가 미처 몰랐던 참사의 연속이었다. 시(詩)가 아니고선 잔인한 트라우마에서 벗어나지 못하리라는 공포감이 시인을 옥죄었던 것일까. 김언의 시는 불가해한 언어들로 나열되어 있고 평범한 정서로는 받아들이기 어려울 만치 자폐적이고 균열적이어서 나로서는 독해가 정말 어려웠다.

삼촌, 아버지, 어린 동생의 죽음이라는 가족사적 비극이 시인의 실제 체험임은 첫 시집의 수록된 산문 「불가능한 동격」에서 확인된다. 이 시에서 주목해야 할 대목은 어린 동생의 죽음이다. 불의의 사고로 동생의 육체가 파괴되는 순간은 현실 속으로 갑작스럽게 틈입하여 해석 불가능한 '빈틈'을 이룬다. 그는 '동생이 올려다본 하늘을 트럭 밑에서' 다시 바라본다. 그것은 무엇인가? 현실이 삭제된 해독 불가능한 공간을 올려다보는 비극적 전율의 순간 이 세계는 '얼음의 표정'이 된다. '으깨짐', 혹은 '사라짐'으로써 발생하는 존재의 의미는 얼음의 풍경처럼 슬프다.

- 박대현, 《헤르메스의 악몽》, 신생, 2009, 200쪽

정상적 현실의 빈틈에 서식하는 익명적 존재를 복원함으로써 새로운 해석의 지평을 열기. 이것이 김언 시인이 지향하는 시적 비전일 것이다. 그러나 그의 시는 해석하기 힘든 불구의 언어로 가고자 하는 경향이 강화되고 있다. 정상/비정상이라는 이분법적 억압에 의해 은폐된 존재를 드러내기 위한 '불구'의 언어는 아름답다. 그러나 해석의 한계치를 넘어버린 불구의 언어는 말 그대로 '불구'에 지나지 않는다.

- 같은 책, 213쪽

문학평론가는 시인의 근황을 알려줬다. 서울에서 여전히 창작 활동을 이어가면서 가끔 강단에 오르는 걸로 시원찮은 밥벌이를 이어간다나. 그를 떠올리며 문득 궁금해졌다. 시인은 나란 인간을 어떻게 기억할까. 술 마시려고 대학엘 들어왔는지 허구한 날 고주망태 꽐라가 돼서는 싫다는 후배까지 억지로 술집으로 끌어들여 한 번뿐인 청춘이니 늙어지면 못 논다는 둥 어쭙잖은 청춘예찬이나 늘어놓는, 기껏 한 살 터울인 선배라는 작자가 가소로웠을 게다. 아니거든 유치하기 이를 데 없지만 그런 대로 인간적인 정은 있어서 시인의 으깨진 현실로 인해 벌어진 정서의 '빈틈'을 약간이나마 메워준 사람으로 유익하게 여겼든가. 아무려면 어때. 멋대로 애주가임을 자처하고 남녀불문, 잘난 놈 못난 놈 차별 안 짓고 함께 권주가를 울리며 흥청댔던 때를 후회한 적 없었고 빌빌거리기나 하는 놈팡이라고 지탄받은 적도 없었다.

시인과의 오래된 인연을 듣고 난 박은 자리를 털고 일어나려는 내 뒤통수에 대고 그날의 마지막 평을 남긴다.

"다시 만나도 너는 여전히 대학 시절처럼 굴 테고 시인도 그런 네가 반가울 게야. 그렇게 잠시나마 현실의 짐을 벗고 한 잔 걸치며 즐거워하는 모습, 참 보기 좋겠다."

아무렴. 먹고살자니 간혹 모양 빠질 때가 없진 않지만 까짓, 막걸리 한 잔 권하면서 눙치면 그만이다. 한 번 선배는 영원한 선배가 아니던가.

조건 다는 홍정

일요일 저녁이었다. 쇼 호스트가 정수기 소개로 한창 열을 올리는 홈쇼핑 채널을 주시하던 마누라가 TV 앞으로 나를 불러냈다. 제품 상담을 예약하면서 당첨되면 현금 백만 원을 받는 이벤트에도 응모하자면서. 공돈이 탐나기도 했거니와 정수기 교체가 임박하던 차에 구매 조건이 나쁘지 않아 마누라 눈에 띄었던 모양이다. 정수기보다는 늘씬한 몸매를 자랑하는 홈쇼핑 호스트에 눈이 간 나는 좀 달랐지만. 아무튼 내 폰 번호를 연락처로 남기고 통화가 되면 물어볼 것들을 마누라는 일러줬다.

다음 날 오후, 정수기 회사 상담원이라며 전화가 걸려 왔다. 상담이 구매로 이어지는 건 아니니 부담은 갖지 말고 제품에 대해 무엇이든 물어보라고 했지만 '넌 어차피 내 손바닥 안'이라는 듯 자신감이 뚝뚝 묻어나오는 상담원 음성은 좀 거슬리면서 주눅 들게 만들었다. 좀체 알아듣기 어려운 용어로 사양이며 특징을 기계적으로 설명하는 음성을 뒤로 하고 마누라가 가장 궁금해 하던 것을 단도직입으로 물었다. 정기적으로 필터를 교체하고 정수기 청소와 점검을 받는 조건으로 현재 우리 가족이 매달 지불하는 요금은 10,000원인데 그 돈에 5,000원만 더 부담하면 당신네 삐까번쩍한 신상을 정말 쓸 수 있는지 말이다. 그러자 탐색전 없이 바로 본론으로 들어가 줌으로써 상담원의 상대와 시간을 아껴주는 유익한 호구라도 만난 듯이

상담원은 이전보다 반 옥타브는 더 새된 목소리로 사용요금 시뮬레이션을 읊어대기 시작했다. 그렇게 한참을 듣고 있던 나는 문득 의아해졌다.

홈쇼핑 방송에서 들었을 때는 15,000원 정도라던 월 렌탈비가 상담원은 29,900원이라고 했다. 나나 마누라가 숫자 1을 2로 착각했다면 모를까, 두 배씩이나 차이가 나는 비용을 이해할 수가 없었다. 그런 반응을 진작 예상했다는 듯 상담원은 월 렌탈비를 15,000원만 내는 가장 손쉬운 방법을 알려주겠다며 설명하기 시작했다. 즉 정수기회사와 제휴한 신용카드사가 발급하는 정수기회사 전용 신용카드로 매달 30만 원 이상 실적을 내면(이 표현이 참 요상타. 카드 대금을 지불해야 하는 부담감을 무릅쓰고 카드를 긁어야 하는, 카드 소지자 입장에서는 '실적을 내는'이라기보다는 '카드빚을 내면'이 더 적절한 표현인데 말이다. 정수기회사와 신용카드사 입장만을 고려한 아전인수 격 표현 같아 빈정이 확 상했다.) 거기서 매달 발생하는 포인트 15,000점을 현금화해 원래 내야 할 월 렌탈비에서 공제하는 요금 구조라 15,000원 내는 게 맞는다는 소리였다.

결국 15,000원을 할인 받자면 정수기회사 제휴 신용카드로, 그 전에 긁어대던 기존 카드는 자기네들이 알 바 아니니, 다달이 30만 원 이상을 약정기간(48개월) 내내 단 한 번의 끊김도 허용치 않고 긁어대야 한다는 전제가 선행되어야 하는 셈이다. 정수기 한 대 팔겠다고(혹은 빌려주겠다고) 회사 마케팅팀은 수없이 많은 잔머리를 굴려댔을 테고 그럴싸한 요금 시뮬레이션을 개발해 수뇌부에게 재가를 얻었을 때는 드디어 밥값 했다는 안도감에 퇴근길이 가벼웠을 것이며 오랜만에 거하게 외식 한 턱 쏘면서 신용카드를 마구 긁어댔을지도 모른다.

사람 사는 게 다 거기서 거기긴 하다. 그러니 정수기회사가 제시하는 조건에 왈가왈부하다간 남는 건 없고 입만 아픈 쓸데없는 짓일지도 모른다. 암만 그래도 집안에서 깨끗한 물 한 모금 마시자고 다달이 신용카드를 긁어내야 하는 수고로움은 의외로 번거롭다. 생활비조로 매달 100만 원을 정기적으로 신용카드를 긁는 사람이 있다고 치자. 그가 신상 정수기에서 졸졸 나오는 물 한 잔 마시자면 기존 신용카드 지출액에서 30% 이상을 뚝 떼서 새로 발급한 정수기회사 신용카드로 대신 지불하던가 아니면 30만 원어치 소비를 더 늘리는 수밖에 없다. 전자일 경우 정수기회사 카드 사용이 기존 카드 사용으로 받았던 혜택에 어떤 영향을 미치는지 그 유·불리를 따지느라 머리께나 굴려야 하고 후자라면 30만 원어치만큼 빚이 느는 셈이다. 소비를 충당할 만큼 수입이 받쳐 주면야 누가 말리겠는가마는 그러질 못하니까 문제다.

셈법에는 영 젬병인 나조차도 신용카드 긁으면 요금 깎아주겠다는 조건에 기가 차는데 주판알 튕기는 데 절대고수인 살림꾼들한테 과연 무슨 명분으로 어필할 수 있을지 회의가 들었다.

그러면서 정수기회사 마케팅팀이 혹시 자신들의 영악한 잔머리 정도면 세상 모든 소비자들을 현혹할 수 있다고 과신한 건 아닌지 의아했다. 절대 수용할 수 없는 조건이라 우리 집에서는 이후로 정수기 얘기가 나오지는 않았지만 그때를 떠올리면 궁금한 게 있다. 홈쇼핑 광고가 나가고 그 정수기회사 매출은 과연 얼마나 늘었을까.

손해 보는 장사꾼은 없다고 했고 어떡하든 많이 팔고 보는 게 장사꾼의 미덕임을 부인하지는 않지만 조삼모사, 조사모삼일 게 뻔한 꼼수로 흥정을 거는 게 수완인 양 뻐기는 장사꾼이 혹시 있다면 꼭 이 질문을 하고 싶다.

"있는 그대로 보여주고 손해 보지 않을 배짱이 그리 없는가?"

아빠 별명은 대일이 빠앙점

고3 올라갈 무렵 내 별명은 '대일이 빠앙점'이었다. 고2 겨울방학이 끝나자마자 치른 수학 시험 점수는, 짐작한 대로 빵점이다. 정 못 풀겠거든 답안지에 숫자 '0'이나 '1'로 도배를 해 놓으면 한 문제는 맞춘다는 요행마저 철저하게 비껴간 대참사였다. 지지리 복도 없는 놈. 엎친 데 덮친 격이라고 당시 부반장 완장까지 차고 있던 나는 스무 명이 넘는 수학 빵점 낙제생들 사이에서 단연 집중 조명을 받았고 오늘의 푸닥거리 대미를 장식할 제물로 수학 선생(닉네임 '베타')에게 정조준 되었다. 베타 선생은 예의 혀 짧은 소리로 당신의 교직 평생에 부반장이 빵점 받은 놈은 내가 처음이라며 몹시 분개한 척 평균을 상회하는 횟수와 강도로 내 엉덩짝을 흠씬 격려하셨다. 난생 처음으로 마주한 쪽팔림이란 감정이 사랑의 몽둥이찜질로 전달되는 통증보다 더 아팠던 나는 무슨 낯으로 학교를 다녀야 할지 무척 암담해했다.

여기서 꼭 짚고 넘어갈 부분. 베타 선생이 말한 교직 평생이라고 해봤자 따지고 보면 4~5년밖에 안 된다. 백 번 양보해도 채 10년을 못 넘긴다. 군 복무를 감안한 남자 교사의 입직 연령대는 아무리 빨라도 이십 대 후반이고 겉늙어 보였다고는 해도 끽해야 30대 초반이었을 당시 베타 선생의 나이로 비춰 보건대 신출내기나 다름없는 교사 입에서 교직 평생 운운하는 건 좀 과했다. 게다가 학생들 틀리는 데 주안점을 둔 문제만을 주로 출제하는 변태적 성향이 당시 수학 선생들 사이에서 횡행했던 걸로 미루어 봤을 때 수학 점수 빵점을 받은 반장, 부반장이 나 말고 전무후무하다고 누가 장담할 수 있겠는가. 그러니 좀 억울하다.

부친은 수학엔 젬병인 게 집안 내력이라고 하셨지만 꼭 그런 것만도 아니었다. 두 살 아래인 남동생은 수학을 포함해 모든 과목에서 펄펄 날아다녔으니까. 걔가 만약 수포자였다면 성적순으로 세운 줄의 맨 앞쪽에 포진했을 리가 없고 둘째가라면 몹시 서러워할 아무개 대학교 경제학과에서 4년 내내 학점 만점을 받아 학업 우수자로 졸업할 수도 없었을 테니까. 그러니 한 어머니 뱃속에서 나왔다는 사실이 전혀 안 믿길 정도로 내 수학 머리는 형편없긴 하다. 하고많은 것 중에 아비의 저질 수학 능력만 빼다 박은 큰딸은 고등학교 올라가자 영락없이 고전한다. 학원 문을 계속 두드려대지만 초등학교 때부터 박힌 수학에 대한 두려움, 콤플렉스, 트라우마가 한데 뒤섞인 나머지 애쓰는 것 치고는 진척이 별로 없다. 딸아이 아등바등하는 모습을 지켜보자니 기본으로 돌아가 쉬운 문제부터 차근차근 풀면서 자신감을 회복하는 게 좋겠다고 격려를 해주지만 겨울 방학 내내 미분, 적분 골머리를 썩었어도 결국 빵점 성적표를 받은 흑역사를 가진 아비 입에서 나올 말은 아닌 듯싶어 입맛이 영 개운치 않다.

1학년 2학기 기말고사를 마치고 난 뒤 1학기에 비해 점수가 되레 떨어진 것 같단다. 밥 먹듯 밤을 새워 가며 전전긍긍한 정성치고는 허탈하기 짝이 없지만 아이 앞에서 내색은 금물이다. 본인은 오죽 답답할까. 대신 원래 비 온 뒤에 땅이 굳어지는 법이니까 2학년 때 더 잘하면 된다는, 해도 그만 안 해도 그만인 위로만 건넬 뿐이다. 다행히 녀석도 씩씩한 척 고개를 끄덕인다. 그러면서 이왕 말 나온 김에 수학에 버금가는 까다로운 과목이 나타났다며 SOS를 요청했다.

"아빠, 다른 학교는 1학년 때부터 배운다는데 우리 학교는 고전문학을 2학년 올라가야 들어간대. 아빠 전공이니까 올 겨울에 좀 가르쳐 줘. 외계 언어인 줄. 헐."

일전에 국어 교사인 친구 녀석한테 받은 고전문학 참고서를 슬쩍 꺼내 들었다. '江강湖호애 病병이 깁퍼 竹듁林님의 누엇더니 關관東동 八팔百백 里니에 方방面면을 맛디시니…' 외계 언어 맞네. 다시 보니 감감하다. 그래도 수학보다는 낫겠지. 중요 과목보다 비중은 떨어질지 몰라도 올 겨울엔 이거라도 붙잡고 아비 체면을 세워볼 작정이다.

즐기면서 공부하라는 말은 너무 무책임해 못 하겠고 성적에 대한 부담은 덜 가지길 바랄 뿐이다. 이런 아비의 바람을 딸애가 당장 수긍하긴 버겁겠지만 '과정'에 충실했음으로 더 뿌듯한 쾌감을 즐길 훈련이 필요하긴 하다. 살아보니 성적은 부차적일 뿐이다. 국어가, 영어가, 수학이, 교과목 성적이 모든 걸 규정짓지는 않더라는 걸, 온통 결과에만 매달리다 정작 중요한 걸 놓치는 우를 자주 범하더란 걸 세상을 먼저 경험한 인생 선배 입장에서서 조곤조곤 증언하는 올 겨울이 되었으면 좋겠다.

"'대일이 빠앙점', 이 별명 참 오래 가더라. 지금도 고등학교 적 친구들 만나면 어김없이 '대일이 빠앙점' 하고 아빠를 놀리곤 해. 아무려면 어때. 김대일 하면 떠오르는 추억거리 하나쯤 있어 좋잖아. 얼굴도 이름도 떠오르지 않는 사람은 되지 말자. 성적을, 명예를, 돈을 하늘 높이 쌓아 올린들 사람들한테 잊히면 무슨 소용이 있을지 아빠는 잘 모르겠다."

십팔번을 위해서

《비긴 어게인》이란 프로그램은 내용이 참 단순하다. 가창력이 뛰어나다고 정평이 났지만 왠지 매너리즘에 빠진 듯 보이는 가수들(연주자도 포함)이 외국에 나가 무작정 버스킹 공연을 한다는 게 전부다. 본방을 사수할 만큼 열렬한 지지자는 아니지만 나른한 주말에 발가락으로 리모콘을 조종하다 눈이 맞으면 바람이 날 수준 정도?

하지만 포르투갈 리스본 코메르시우 광장에서 벌인 《비긴 어게인 2》 버스킹은 썩 마음에 들지 않았다. 개고생을 자청하면서까지 음악적 개부심을 향한 구도(求道)가 돋보였던 《비긴 어게인》에 비해 어깨의 뽕이 덜 빠진 겉멋으로 젠체하는 듯한 출연진의 모습에서 진정성을 찾아보는 것 자체가 볼썽사나운 짓 같기도 했다. 기대가 가시자 재미랄 것도 없어져 시간이나 죽이는 셈 치고 다음 편 예고하는 장면까지 무덤덤하게 보고 있다가 그만, 나도 모르게 울컥 하고 말았다.

일본 '이찌가와(市川)'라는 배우 가문에 전해 내려오는 '교요겡(狂言, 재미있는 희극)'이라는 극이 있다. 그 극은 신구(新舊) 각각 18번까지 있으며, '노오가꾸(能樂)'라는 고유 가면극의 막간에 보여 주는 촌극(寸劇)이다. 그리고 그 촌극마다 번호가 있는데 그 중에 18번이 가장 재미있고 우스꽝스럽다고 해서 생겨난 말로서 일제 때 우리나라에 전해져 흔히 애창곡,

단골 노래라는 뜻으로 불리는 단어인 '십팔번(十八番)'(『네이버 국어사전』).

좌우지장지지지 백밴드가 반주 대기 중인 짝자그르한 무대가 됐든 동전 한 닢에 노래 한 곡인 코인 노래방이든 목청을 가다듬고 한껏 감정을 고조시켜 마치 절창을 뽐내듯 자백을 일삼을 십팔번 한두 곡쯤은 누구나 흉중에 항상 장전해 두게 마련이다. 나라고 없지는 않으나 확신이 없다는 게 문제다. 두루마리 휴지가 산지사방 난무하는 난장판 노래방에서 번차례로 마이크를 넘겨받았을 때 달아오른 분위기에 찬물을 끼얹지나 않을까 전전긍긍하는 나를 상상해보라. 혹은 친구들과 들이닥친 노래주점에서 옆에서 탁 치기만 해도 노래 일발 장전해 곧장 격발하는 기민함을 선보이는, 어디서 좀 놀아본 놈을 선망의 시선으로 바라보는 나는 또 어떻고. 시답잖다고? 나는 심각하다.

다시 돌아가서, 《비긴 어게인 2》 예고편을 보다가 자우림 기타리스트 이선규의 반주로 역시 자우림 김윤아가 노래를 부르는 장면에서 전율이 일어나고 벅찬 감동이 밀려왔다. 김윤아의 오리지널 넘버인 건 알고 있었고 김윤아가 불러서 더 절절하게 다가오는 노래라는 것도 알겠는데 정작 제목도 모르고 가사도 알지 못하는 노래, 평소에는 생각이 하나도 안 나다가도 일단 귀에 꽂히기만 하면 정신을 차리지 못할 정도로 내 마음을 흔드는 노래, 기필코 처음부터 끝까지 다 따라 부르겠다는 완창의 결의를 다지게 하는 그 노래가 을씨년스러운 리스본의 밤을 흔들고 있었던 것이다.

더 이상 미뤄서는 안 되겠다는 결심이 선 순간, 미친 놈 취급당할까 봐 일단 문이란 문은 다 닫고, 유투브에서 <봄날은 간다> 반주에 자막이 나오는 화면을 띄워 놓고 온종일 목 놓아 불러재낀다. 목소리가 갈라지건 말건 불철주야 불러재낀다. 하여 탁 하고 치면 턱 하니 한 곡조 바로 뽑힐 수 있도록 득음하리라. 내 십팔번의 1순위는 당분간 <봄날은 간다>가 될 테다.

어젯밤 잠자리에 들기 직전까지 속옷 차림으로 한 손엔 스마트폰을 들고 흥얼대고 있는데 끼익 하고 조심스럽게 문이 열리더니 재미있어 하는 것 같기도 하고 저녁에 뭐 잘못 잡수셨니 하는 것 같은 표정을 짓고 얼굴을 들이미는 막내 녀석이 '아랫집에서 올라오겠다. 고만 자라!' 한다.

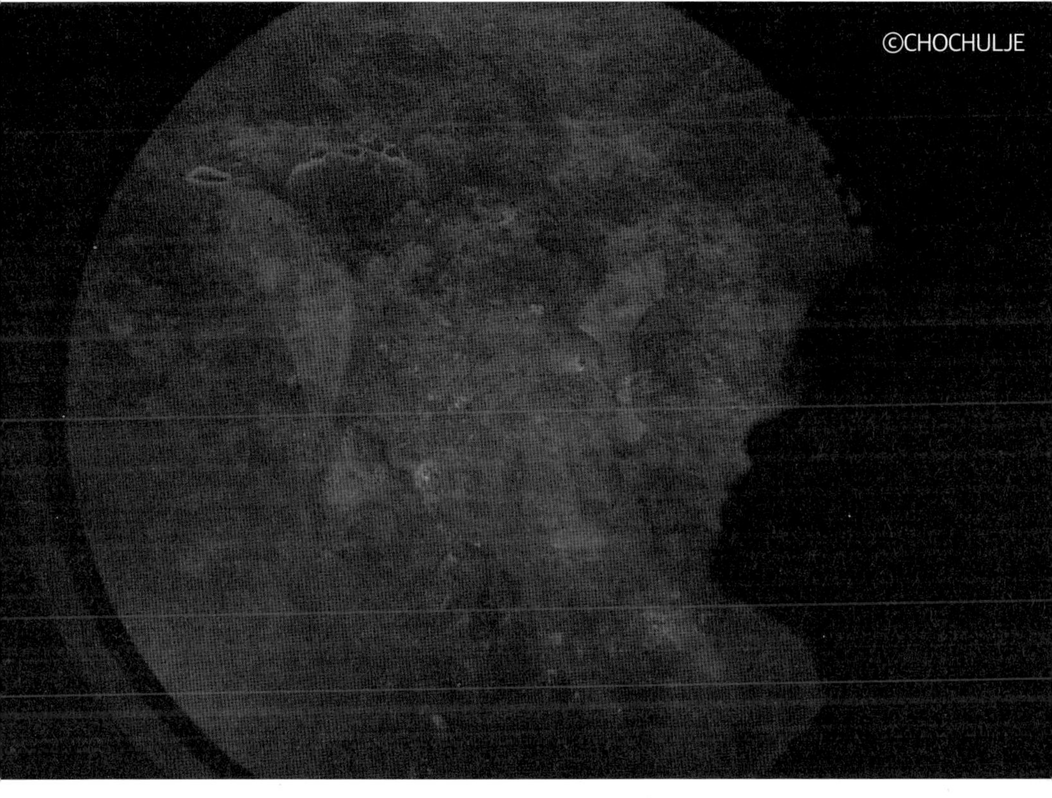

농땡이

일요일 아침 메뉴로 청국장찌개는 몹시 투박하지만 맛까지 볼품없진 않다. 처갓집 청국장은 어른아이 없이 즐겨먹는 집안 별민데 유난히 식욕을 더 자극한다. 체중 감량의 특명을 하달한 뒤 끼니 때마다 내 식탐을 걸고 넘어지는 마누라의 등쌀에 수저질이 영 껄끄럽지만 쉬 가시지 않는 청국장 냄새와 마누라 잔소리, 그러거나 말거나 코 박고 먹기만 하는 두 딸의 무심한 얼굴이 아침 풍경치곤 익살스러워서 혼자 괜히 킥킥거린다.

밥숟갈 놓자마자 도서관으로 휑 가버린 큰딸이 서운했지만 오매불망 바라던 스티커를 사주겠노라 새끼손가락 걸고서야 운동화를 신은 막내딸을 앞세우고 마누라와 인근 공원으로 산책을 나섰다. 아파트 단지를 낀 개울 길을 따라 느릿느릿 걷는다. 오만상을 찡그리고 마지못해 따라오던 아이는 어느새 엄마 팔짱을 끼고 수다가 한창이고 웃음보가 터진 마누라는 박장대소하다 쓰러질 뻔했다. 두 여자의 파안대소가 녹음 짙은 5월의 일요일과 닮았다.

공원 계곡물에 발 한 번 담근 뒤 근처 매점으로 가서 3개 2천 원 하는 어묵꼬치를 6개 샀다. 그 중에 2개는 막내딸이 좋아하는 떡꼬치인데 게눈 감추듯 해치우고 엄마 어묵까지 껄떡댄다. '엄마, 배고파' 보채는 걸 보니 점심때가 한참 지나긴 했다.

공원에서 집으로 가는 길목에 재래시장이 있다. 거길 들러 손두부, 우뭇가사리와 콩국을 샀다. 일전에 손두부를 사다 볶은 김치에 맛있게 먹었던 여운이 가시질 않아 망설일 것도 없다. 모처럼만에 긴 산책이 피곤했던지 삶은 옥수수라면 사족을 못 쓰는 마누라가 단골 가게 문이 닫힌 걸 아쉬워만 할 뿐 후딱 귀가를 서두른다.

얼른 두부를 썰고 볶아둔 김치를 꺼냈다. 시장기로 눈이 돌아간 두 모녀는 먹어보라는 말도 없이 젓가락질만 바쁘다. 소금으로 약간 간을 한 우뭇가사리 콩국 한 그릇까지 마저 비우고도 막내는 계속 입을 다시면서 비빔면을 만들어 달라고 성화다.

물 올리고 가스 불을 켜면서 불현듯 불안해진다. 내가 너무 여유를 부리는 걸까, 요즘 부쩍 건망증이 들려 깜빡깜빡 하는데 혹시 급하게 해야 할 걸 까먹지나 않았나, 심각해하다가 피식 헛웃음이 나온다. 이렇게 루즈한 적도 별로 없었으니 내가 나를 낯설어한 게지. 다니던 회사도 이달 말로 정리되고 한국사능력검정시험도 치렀으니 실컷 농땡이나 부려보자. 한정 없이 길어지면 곤란하겠지만 당분간이니 어때. 살다 보면 퍼질 때도 필요한 법이야.

포만감에 행복해하는 고로처럼

지금은 인도네시아에 체류 중인 용이 울 동네까지 납셔서 한 잔 걸친 적이 있었다. 홍어가 아닌 문어로 된 삼합이 그날의 메인 메뉴였지만 타고난 재담꾼인 녀석의 존재만으로도 술판은 요란뻑적지근한데 아니나 다를까 그날도 청산유수 같은 입심에 홀려 시간 가는 줄 몰랐더라. 특이하다면 로케 현장인 경북 군위로 무작정 밤 운전을 감행했을 정도로 제대로 꽂힌 한 영화가 단연 그날의 화젯거리였다는 거. 매사에 역동적이고 거침이 없는 녀석의 기질로 미루어 보건대 깨고 부수다 산지사방에 유혈이 낭자한 스펙터클 액션 무비 빠가 어울릴 법한데 열여덟 딸기 같은 어린 순정 운운하기조차 민망한 나이가 됐음에도 심성을 깨끗하게 때 밀어 주는 휴먼 다큐 무비에 종종 영혼을 저당 잡힌다는 영화 취향을 천연덕스럽게 밝히자 내 귀를 의심했다. 그 명백한 증거로 녀석은 영화 《리틀 포레스트》를 꺼내 들었고.

복잡하고 치밀한 짜임새를 기대한 영화는 아니지만 허술하고 밍밍한 느낌이 어째 너무 힘을 빼고 찍은 게 아닐까 하는 의구심마저 들었다고. 은행 잔고가 시원찮아 쪼들리는 주인공이 무엇으로 숱하게 등장하는 식재료를 감당하는가 하고 혼자 시비를 걸어보고(자급자족이란 의미를 영화 후반부에나 가야 수긍했다나), 삼각관계라는 클리셰를 감수하고서라도 세

남녀가 지지고 볶는 그림이나마 보여줬다면 영화 보는 재미가 한결 더하지 않았을까 혼자 감독놀이도 해봤다나. 하지만 왠지 끌리는 그 영화를 그 뒤로 몇 번을 거푸 보면서 《리틀 포레스트》가 자연이란 신성한 품 안에서 나고 자란 싱싱한 식재료들에 정성까지 가득 들여 만든 음식을 맛나게 먹어치우는 등장인물들을 통해 인공과 가식에 찌들고 넉넉함을 잃고 각박하게 사는 이 시대 우리들을 어루만져 주고 있다는 감상평을 내놓았을 때는 솔직히 감동 먹었다. 너무 벅찬 나머지 그길로 곧장 군위까지 논스톱으로 밟았다는(그것도 새벽에!) 녀석의 무모함에는 경이롭기까지 했고.

용이의 상찬에 덩달아 영화를 보긴 했는데 역시 얼개는 허술했고 긴장이나 갈등이랄 것도 없이 밋밋했다. 두 시간이 채 안 되는 러닝타임 내내 주인공과 그 일당은 쉼 없이 음식을 만들어 먹어댔다. 아주 맛있게. 음식은 제철에 나는 식재료라야 풍미를 더한다는 빤한 상식이 새삼스러워지도록 보는 내내 허기가 져 혼나기는 했지만. 인상적인 건 무슨 요리건 온 정성을 다 기울이는 주인공의 모습이었다. 무릇 음식은 조리할 때 쾌감이 더한 법이라고 하면 식칼에 손가락 베여본 사람이면 누구나 고개를 주억거릴 게다. 요리란 주어진 식재료를 투입해 굽고 튀기고 끓이는 일련의 단순 작업을 의미하지 않는다. 완성에 이르는 조리 과정에 차질이 없도록 전력을 기울여 집중해야 하고 재료들 사이에서 일어나는 화학적 반응을 염두에 둔 INPUT, 요행을 거부하고 들인 정성에 걸맞은 풍미를 겸허하게 기다리는 OUTPUT이란 과정을 거치는 경건한 작업이다.

그렇게 만든 음식을 앞에 두고 하늘, 땅, 자연에 먼저 '잘 먹겠습니다.'란 감사를 전하고 세상에서 가장 편하고도 공손한 자세로 맛있게 먹는 모습은 생리적 욕구 충족이라기보다 종교적 의식에 가깝다. 영화는 음식을 대하는 우리의 마음가짐에 포커스를 맞춰 자연에 뿌리 내린 작은 정령, 작은 숲(리틀 포레스트)인 사람들의 정신적 상처를 치유하는 걸로 낙착을 본다.

『고독한 미식가』라는 만화의 스토리 작가인 쿠스미 마사유키는 '작은 이야기가 담겨 있는 식당이 맛집'이라고 한 인터뷰에서 밝혔다. 기사를 읽고 『고독한 미식가』를 다시 꺼냈다. 잡화 수입업자인 이노가시라 고로가 일 때문에 방문한 지역의 변두리 식당에 들어가 혼자 식사를 하는 내용이 전부인 만화. 원작자인 쿠스미 마사유키와 일본 만화계의 거장인 고(故) 다니구치 지로는 두 편의 작품을 공동 작업했단다. 『고독한 미식가』와 『우연한 산보』. 『우연한 산보』는 『고독한 미식가』와 마찬가지로 소소한 일상을 담담하게 그려냈고 주인공도 여러모로 닮은 구석이 많다. 고로는 식당에서 음식을 먹고 우에노하라는 산책을 하며 평범한 일상에서 자유와 낭만을 온전하게 구가한다.

신병교육대 배식 줄처럼 길게 줄서서 입장해야 하는 당대의 유명 맛집에는 별 관심이 없다. 바람의 파이터가 도장 깨러 다니듯 유명짜한 맛집만 섭렵하려 드는 식도락가의 집념과는 거리가 먼 내 취향은 데데하고 저렴한 입맛에서 비롯되었겠지만 무엇을 먹느냐보다는 어떻게 먹느냐에 골몰해하는 내 식습관이 더 크게 작용했다고 봐야 옳겠다.

혼술이든 혼밥이든 주위의 어떠한 간섭도 배제한 채 식음에만 전념하겠다는 게 내 철칙이다. 거기에 영혼의 허기까지 달래주는 정성과 찌든 일상을 위로해 줄 아늑함이 제공된다면 곧 허물어질 것 같은 노포면 어떻고 볼품없는 포장마차인들 무슨 상관이랴.

하루하루 살아가는 삶의 목적이 뭐냐는 질문에 쿠스미 마사유키는 '재미'라고 답하며 재미 자체가 인간을 위로한다고 말했다. 마치 고로가 식사

할 때 느끼는 것과 같이.

화이트보드에 마카 펜으로 대충 휘갈겨 써놓은 메뉴판에서 하나를 주문하면 물김치와 삶은 계란 한 알, 콩나물무침을 전채로 무심하게 내놓는 동네 빈대떡 가게 여주인은 결코 먼저 말을 거는 법이 없다. 테이블 4개로도 가게가 꽉 찬 조붓한 공간에서 나만큼 침묵으로 일관하는 여주인의 적요함에 고마워하며 혼술을 즐긴다. 안주로 나온 명태 찜에 젓가락질을 연신 해대면서 나사 두어 개쯤 풀린 해이함을 맘껏 누리는 나는 행복하다. 포만감에 행복해하는 고로처럼.

(술을 멀리 하기로 작정해 발길을 끊은 지 두 해 가까이 된다. 근처 슈퍼에서 우연히 마주친 여주인은 못내 아쉬워하는 눈치였고, '건강이 우선이죠.'란 인사말에 나는 죄인처럼 고개를 숙이고 말았다.)

잡동사니 비망록

해묵은 노트에는 베껴 쓴 글로 가득하다. 하나같이 2013년의 어느 날이라고 표시되어 있는 걸로 봐서는 그 해에 흥미롭고 인상적인 것들이 내 눈에 꽤 띄어서였지 싶다. 영화배우 김윤석 인터뷰, 지그문트 바우만 교수의 신년 인터뷰, 아마 그때쯤 읽기 시작했던 시오노 나나미의 『로마인 이야기』, 연암 박지원의 「호곡장론(好哭場論)」 따위 도무지 연관성이라고는 찾아보기 힘든 인용문 조각조각들이 노트에 빽빽했다. 그것들을 베끼면서 나는 무엇을 그리도 갈구했을까.

시간은 쏜살같이 흘렀다. 그때나 지금이나 지지리 궁상을 못 면하기는 마찬가지다 보니 제 깐에는 책을 본다, 신문도 읽는다, 비망록을 써서 반성과 각성의 계기로 삼는다며 지랄 발광을 해본들 안 될 놈은 안 된다는 사실만 확인시킨 꼴이 되어 버렸지만, 베껴 쓴 천상병의 시처럼 가고 없는 청춘이어도 욕심만은 앞으로도 죽 대단할 것이다.

봄날은 간다

옳게 돈을 벌어보지도 못하고 몸뚱아리만 상한 '미친 짓'이라고 당시를 회상하는 마누라와는 달리 민락동 포장마차 시절(2014~2015년)이 내게 남겨준 유산은 적잖다. 비린내 물씬한 포구의 억척과는 한참 먼 유약한 성정 탓에 이도 저도 아닌 꼴로 달아나듯 장사를 접긴 했지만 날것 그대로인 투박한 삶의 현장에서 부대끼는 척이라도 하면서 나를 똑바로 응시하는 성찰의 시기를 두 해 가까이 보냈다는 점에서는 억만 금을 줘도 아깝지 않을 호사였음에 틀림이 없다.

어리보기 같은 장사치 생활을 할 때 심심파적으로 끼적였던 글줄 약간이 남아 있는데 지금에 와 훑어보자니 참으로 같잖다. 호객 수단으로 전용하려고 쓴 의도적인 것들이 대부분인데다 내용 또한 조악하기 그지없으니 말이다. 하지만 당시에 들인 정성이 아까워서라도 모두 폐기시킬 수가 없어서 그나마 볼 만한 것으로 개중에 하나만 골라 페이지 분량에 채울까 한다. 너그럽게 이해해 주시길.

사연 하나쯤 품고 술잔을 기울이는 손님들을 보고 있자니 애틋한 감정이 온 맘을 휘감는다. 생면부지인 그들이 털어놓는 이야기는 마치 내 과거의 일부인 양 생생하여 하던 일 멈추고 그들과 수작 부리고픈 오지랖마저 일

지경이다. 잊힌 얼굴이 새록새록 떠오른다. 아스라이 떠오른 옛 추억이 반갑기는 하지만 격조해진 원인이 나로부터 비롯되었다는 사실로 착잡함이 더 크다. 맞은편 <아!그▩> 이모가 라디오에서 흘러나오는 노래 가락에 맞춰 흥얼거린다. 나는 나대로 귀에 익은 그 노래가 펼쳐 놓는 회상 속으로 빠져든다. 지금은 어디서 무얼 하실까, 흥에 겨우면 여전히 이 노래를 부르시는지, 그 분의 자취는 가뭇없이 사라졌어도 노래만은 생생하게 내 귓가에 울린다.

보수동 책방골목에서 국제시장 방향으로 조금 걷다 보면 이른바 '다찌집'이라 불리는 선술집들이 밀집해 있는 골목이 나온다. <함▩집>은 그 다찌집 중 한 곳이었다. 골목 '다찌집'은 예외 없이 술값만 내면 안주가 따라 나오는 구조로 돼 있는데 안줏거리가 기실 만만찮다. 기본 안주라고 나오는 생선구이, 각종 해산물, 파전, 튀김 따위가 안주 값을 따로 줘도 아깝지 않을 성찬이라 그렇다. 애주가 입장에서야 안주 값 부담 없이 호사를 누릴 수 있으니 그보다 더한 곳이 어디 있을까. 몇 해 전 이맘때 아무개 선생은 나를 거기로 안내했다.

외국계 보험회사 지점장인 제자가 교직에서 은퇴한 은사를 위해 지점 한 편에 조붓하나마 공간을 따로 만들어 뒀다. 은사는 그곳에서 소일하면서 지점장의 요청이 있으면 보험에 갓 입문한 신입 설계사들을 대상으로 한 일종의 정신교육을 맡곤 했다. 정신교육이라고는 해도 그 내용이라는 게 은퇴 교사의 살아온 인생 역정을 듣는 정도인 데다 좌중을 압도할 만한 언변도 아닌지라 시간 때우기 정도로 시시하게 여겨졌다. 헌데 교육이 끝날 즈음 선생은 뭔가를 주섬주섬 꺼내 교육에 참석한 사람들을 일일이 호명해 나눠줬는데 그건 네모반듯한 돌에 이름을 새긴 도장이었다. 선생은 신입 설계사가 들어오면 그 명단을 미리 구해 한 사람도 빠짐없이 그들의 이름을 새긴 도장을 만들어 왔고 전통으로 자리 잡은 지 제법 됐다고 제자인 지점장은 일러 줬다. 일면식도 없는 사람에게서 도장을 선물 받는 느낌은 참 묘했다. 도장은 나를 상징하고 대표하는 도구이다. 남이 함부로 내 이름을 새기진 않는다. 그럼에도 선생은 일일이 이름을 새겨 선물을 한다. 도장 선물에는 묵직한 뭔가가 있다. 그건 수치나 논리로 설명하기 힘든 정서적인 영역이다. 각박하기 이를 데 없는 금융업 현장과는 어울리지 않는 운치가 나를 매료시켰고 그런 그분이 몹시 궁금해졌다.

얼마 안 있어 막무가내로 찾아뵈었고 되게 놀라는 눈치셨다. 선생이 주관하는 정신교육이라는 게 신입 설계사의 영업 마인드를 고취시키려는 보험회사의 대수롭지 않은 이벤트 중 하나일 뿐이니 강사로서의 존재감은 거의 없는 거나 마찬가지고 여태까지 숱하게 도장을 나눠 줬지만 도장 선물에 이렇게까지 흥분해서 사무실로 난입한 설계사가 없었으니 참 별종이다 싶었으리라. 상기된 마음으로 선생의 방을 둘러보는데 놀랍고 황홀한 광경이 펼쳐졌다. 서너 평 남짓 조붓한 직사각형 공간의 세 면엔 책장이 자리를 잡아 책으로 빼곡했고 나머지 한 면은 고풍스런 턴테이블과 스피커, LP판들이 차지하고 있는 형국이었으니까. 조각 작업대와 캔버스가 제 주인의 남은 작업을 기다리는 듯 방 한가운데 자리 틀고 있었고 햇살이 환하게 비치는 창가엔 줄줄이 선 난(蘭)들이 그 자태를 뽐냈다. 불시에 들이닥친 불청객을 대접하려고 급히 내놓은 커피는 지금껏 마셨던 그 어떤 커피향보다 은은했다. 그날 그 방에서 선생과 무슨 말이 오갔는지 기억이 나진 않지만 선생에게서 풍기는 인간적인 매력과 후마니타스적인 방의 정취에 내가 흠뻑 도취된 것만은 틀림없다. 다시 뵙기를 청하자 선생은 며칠 뒤

국제시장 모처에서 보자셨고 재회한 곳이 바로 <함▩집>이다.

털털한 말투에도 연륜은 깊었고 기품이 묻어 나왔다. 맥주 한 잔 시원하게 걸친 뒤 오늘은 유난히 기분이 좋다며 이 인연이 오래도록 계속 이어지길 바란다고 당부했다. 그러다 흥이 이는지 늙은 여주인 보고 "내가 이곳을 뻔질나게 드나들었지만 오늘처럼 특별하긴 처음이우. 주인장, 내 실례가 안 되는 선에서 한 곡조 뽑을라는데 괜찮겠지?" 하며 읊조리듯 부르던 노래는 '연분홍 치마가 봄바람에 휘날리더라.'로 시작하는 〈봄날은 간다〉였다.

구슬픈 가락에 얹힌 애틋한 가사가 듣는 이의 심금을 울린다. 봄날은 아마도 사랑으로 생동하는 청춘임에 틀림없었으나 어느덧 덧없이 사라지고 말아서 되씹자니 청승맞은 눈물만 하염없이 흐른다. 이 노래를 듣거나 부르면 마음이 짠해진다는 선생은 정작 그 사연에는 말을 아꼈으나 어림짐작할 만했다. 실연의 상처가 아물었다는 소리를 들어본 적은 없다.

그 뒤로도 두어 차례 더 찾아가 음악, 미술, 철학, 문학 방면에서 선생의 남다른 안목을 접할 수 있는 행운을 누렸다. 특히 선생의 한시(漢詩) 사랑은 각별해서 당시 추천해 준 한시 입문서는 아직도 내 서재 한 귀퉁이에 꽂혀 있다.

부득이한 사정으로 일 년 만에 그 보험회사를 도망치듯 관둔 뒤로 선생과 교류도 끊겼다. 실 한 오라기만도 못한 인연일지라도 기어이 잡았어야 했다. 먹고사는 문제가 급해서, 먹고살 만할 때 다시 찾으면 된다고 안이하게 처신했던 내가 한심하다. 세근만 좀 들었어도 여전히 선생과 《함▩집》 구석진 테이블에서 맥주잔을 기울이며 선생이 부르는 <봄날은 간다>에 흥겨워하고 있을지 모를 일이다. 불혹을 넘어서도 흉금 터놓을 지기(知己)

한 사람 변변찮은 깜냥을 지난날의 업보가 아니면 무엇으로 설명할까. 사람이 그리우면 늙는 징후라지만 서러워도 그리운 사람 만나고 싶은 요즘이다. 오늘따라 광안대교는 무심히도 휘황찬란하구나.

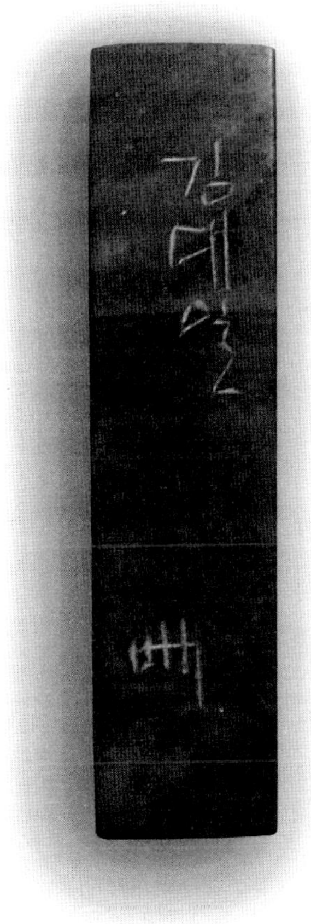

저녁이 있는 삶의 다른 풍경

《보스턴 리갈》이라는 미드에 푹 빠진 적이 있었다. 보스턴의 한 로펌에서 벌어지는 에피소드를 엮은 일종의 법률 드라마인데 정치 풍자에서 화장실 유머까지 코미디 요소가 깨알같이 박혀 있어 잔재미가 쏠쏠했던 걸로 기억한다. 물론 자막의 도움이 절대적이었지만.

한창 꽂혔을 때는 불면증에 걸린 사람처럼 몇 날 며칠 밤을 새워 가며 여러 미드를 섭렵했으니 그 수를 헤아리기가 힘든데 내가 유독 《보스턴 리갈》을 들먹이는 건, 갈등이 거진 해소가 된 에피소드 말미에 어김없이 드라마의 두 주인공인 앨런 쇼어와 데니 크레인이 등장해 어둠 깔린 보스턴을 배경으로 발코니에서 위스키와 시가를 끼고 느긋하게 담소를 나누는 장면이 연출되는 게 하도 강렬하게 인상에 남아서다.

개성 강한 두 캐릭터가 정신없는 일과를 마친 뒤 그들만의 조촐한 여유를 즐기며 예의 능청스런 재담으로 한 편의 에피소드를 아퀴 짓는 모습이 허름한 대폿집에서 소주잔을 기울이면서 고단했던 하루를 갈무리 짓던 우리와 정서적으로 달라 보이지 않아 정겨웠다. 평범하지 않은 두 남자의 '왁자지껄'이 내게도 일상이었던 적이 분명 있긴 했는데 드라마 장면을 보며 부러워하는 신세가 된 까닭은 무엇일까.

대중문화평론가인 임범은 '요시다 루이'라는 이름의 중년 아저씨가 도

쿄 외곽의 술집을 찾아가 술 마시고 나오는 게 끝인 15분짜리 케이블 TV 프로그램인 《요시다 루이의 술집 방랑기》를 소개했다. 맹숭맹숭한 프로그램 내용과는 달리 존재감 있는 술집 주인, 술맛 나게 하는 얼굴들, 약속하지 않아도 거기 가면 볼 것 같은 단골, 적당한 정도의 농담과 적당한 정도의 무작위적 어울림에 꽂힌다는 대목에서 그만 확 끌렸다. 더할 나위 없는 풍경!

꼭 불타는 금요일 저녁이 아니어도 좋고 누룩 내가 진동하는 술집이 아니어도 좋다. 해가 질 무렵, 《보스턴 리갈》의 발코니든 '요시다 루이'의 동네 술집에서든 파란만장했던 오늘 하루를 앨런과 데니 같은 녀석들과 어울려 쌈박하게 마무리 짓는 저녁은 '저녁이 있는 삶'의 또 다른 풍경은 아닐까.

자주 드나들었던 동네 꼬치구이 가게가 문을 닫았다. 바짝 조인 긴장의 고삐를 풀고 잠시나마 이완의 난장을 부리던 단골집은 적자라는 모진 현실 앞에서 '임대'란 조악한 글자만 남기고 사그라졌다. 인심 좋던 단골집도 술을 부르던 얼굴도 감감해져 버린 요즘에는 마시나 안 마시나 지독한 그리움에 늘 취해 있다.

운주사 가는 길(1)

용이는 전남 화순 운주사 다녀오길 계속 권했다. 의식을 재부팅하기에는 거기만큼 딱인 곳도 없다는 게 녀석의 주장이었는데 마음만 동할 뿐 뭉그적거리기만 했다. 하루는 운주사 갈 노잣돈에 보태 쓰라면서 거금 30만원을 무심한 척 툭 건네면서 시간이 남아도는 실업자일 때 다녀와야지 안 그러면 영영 기약도 없다고 쐐기를 박는 바람에 곧장 짐을 꾸렸다.

출발하는 날은 공교롭게도 직업상담사 입사원서를 넣은 아무개 여성인력개발센터 면접이 오전에 잡혀 있었다. 원서 넣은 지 3주가 지나서도 가타부타 말이 없기에 인연이 아닌 줄 알았는데 전날 오후 늦게 연락이 와서는 다음 날 면접을 보러 오라고 호들갑을 떨어댔다. 계획한 여정은 틀어졌지만 기분이 상한 건 아니었다. 운주사 행을 결심한 순간부터 생겨난 용한 기운 같은 게 나를 고무시키더니 그렇게 높아만 보였던 취업 문턱이 살짝 낮아 보이는 착시까지 일으켰으니 말이다.

오전 10시 10분이라던 면접 시간이 내부 사정으로 지연이 되다가 10시 30분이 되서야 차례가 왔다. 센터장이라고 밝힌 여성과 2명의 여성 도합 3명의 면접관이 나를 상대로 면접을 진행했다. 주로 센터장이 질문을 하고 내가 그에 대한 대답을 하면 다시 센터장이 반박하는 면접 모양새였는데 꽤나 불꽃 튀기는 대화였다고 기억한다. 그 자리에서 한 말들을 모두 기억할 수는 없지만 면접을 마무리하면서 마지막 발언 기회를 줄 때 했던 말은 기억한다.

'학력으로 보나 이력으로 보나 전혀 꿀릴 게 없어서 단 한 번도 내가 못났다는 생각을 해본 적 없이 살았는데 지난 3주 간 수십 군데에다 이력서를 넣었지만 단 한 군데도 오퍼가 들어오지 않아 솔직히 멘붕 상태다. 이런 정신머리로 면접을 보는 것 자체가 신기할 정도지만 혹시나 하는 기대감으로 이 자리에 앉아 있다. 면접이 끝나면 곧바로 나는 운주사로 갈 거다. 운주사를 다녀온다고 내가 이전과 완전히 딴판으로 바뀌지는 않더라도 오늘의 여정을 통해 나를 리셋하고 싶은 마음은 굴뚝같다. 확 뒤집혀졌으면 참 좋겠다.'

기가 찰 노릇이다. 취직을 원하는 녀석이 면접관 앞에서 별소릴 다하고 자빠졌으니.

센터장이 곰곰이 듣고 있더니 최후통첩을 날리듯 이렇게 종지부를 찍었다.

'우리가 당신을 보자고 한 건 당신이 걸어왔던 삶의 궤적이 특히 청년층에게 충분히 어필이 될 만큼 다양하고 다채로웠기 때문이었다. 그런 이력의 소유자가 품고 있을 직업상담사에 대한 가치관이랄지 포부가 궁금해서 면접을 보자고 했다. 불행인지 다행인지 당신은 현재 심정을 솔직히 밝혔고 우리는 그런 당신을 충분히 알 수 있게 되었다. 내일 결과가 발표되는데 당락에 관계없이 자신을 리셋해서 새롭게 세상으로 나아가려는 당신의 앞날에 축복이 있기를 진심으로 기원한다.'

두말할 것 없이 불합격이었다.

서둘러 밟아댔는데도 운주사 주차장엔 4시가 다 되어서야 도착했다.

실개천을 두고 양 갈래로 난 오솔길이 보였고 일주문이 서 있는 길로 터벅터벅 걸어갔다. 천불천탑(千佛千塔)을 하루 낮 하룻밤 사이에 도력(道力)으로 조성하여 놓았다는 전설을 간직한 절답게 산지사방에 널린 석불과 석탑이 인상적이면서도 왠지 자꾸만 헛헛했다. 고려시대 때 조성되었다는 안내문구가 유서 깊은 사찰의 면모를 과시할 뿐, 신축 건물을 지으려는지 절간 도처에 땅은 파헤쳐지고 중장비가 아무렇게나 널려 있는 번잡함은 무엇이라고 딱히 표현할 수는 없지만 하여튼 그 무엇(용이가 말한 '의식의 재부팅'이라고 해두자)의 실마리를 운주사에서 찾아보려는 내 염원에 찬물을 끼얹었다. 이걸 보자고 여기까지 달려온 건 아닌데.

소박하고 토속적이어서 친근한 석불들이 산책로를 따라 자리를 잡고 있었다. 그 길의 어디쯤에 높지 않은 구릉으로 향하는 나무 계단이 보였다. 구름이 머무는 절이라고 해서 높은 산 중턱에 있을 거라는 예상은 완전히 빗나갔다. 해발이랄 것도 없는 구릉들 사이 골짜기에 자리 잡은 사찰의 전경을 볼라치면 이쪽이든 저쪽이든 구릉 한 곳에 올라가면 될 성싶었다. 나는 와불이 있다는 구릉의 맞은편 구릉을 택해 완만하게 구축된 계단을 터벅터벅 올라갔다. 중턱에 이르렀을 때 곧 허물어질 것 같은 석탑이 눈에 들어왔다. 지대석도 없어 위태로워 보이는 석탑은 초라하고 밋밋했지만 석탑 뒤로 펼쳐진 운주사 전경은 아, 장관이었다. 조금 더 올라가 베스트 샷을 담을 수 있게 조성한 포토 존에서 몇 컷을 찍고 내려오다가 다시 그 석탑 앞에서 멈춰섰다. 갑자기 석탑이 말을 걸어오는 것 같았다.

'내가 위태롭니 네가 위태롭니? 세월이 할퀴고 간 생채기로 초라해졌는지 몰라도 인고의 누천년을 웅숭깊게 품었으니. 기껏 네 연치로 알면 얼마

나 안다고.'

그 석탑에 이입되기 전까지 내 운주사행은 비관적이었다. 좌절과 침체의 늪에 허우적대다 획기적인 돌파구라도 찾을 듯이 운주사를 찾았지만 남루하기 짝이 없는 석탑이 그런 내 탐심을 나무라는 것 같다. 그렇게 산다고 달라지냐면서.

잠시 머물다 떠난 무심한 구름같이 나도 곧 절을 떠났다. 화순에서 영암으로 향하는 지방도로를 운전하는 내내 귓가에서 쟁쟁거리는 질책에 식은땀이 죽죽 흘러내렸다.

그렇게 산다고 달라진다더냐.

운주사 가는 길(2)

그곳이라서 평화로웠다. 화순에서 영암으로 향하는 55번 지방도에는 한동안 내가 모는 차밖에 움직이는 게 없었다. 한참을 느릿느릿 운전하다가 갓길도 아닌 곳에다 정차하고 본격적으로 풍경을 음미하기로 했다. 거기가 어딘지 정확한 위치는 모르겠다. 말로만 듣던 나주평야 어디쯤으로만 짐작할 뿐인데 시야를 가로막는 어떤 장애물도 없이 탁 트인 대지를 직접 목격하기는 처음이라 나는 그야말로 감격했다. 드넓은 곡창지대를 바라보면서 느끼는 속 시원함과 웅장함이 바로 요동 벌판에서 연암이 "훌륭한 울음터로다! 크게 한 번 통곡할 만한 곳이로구나!"라고 외친 바로 그 기분일까. 혼자 하는 여행이지만 도시의 절망적인 고독과는 딴판인 남도의 그윽한 정적은 더없이 사랑스러워 쉽사리 자리를 뜰 수가 없었다.

잠을 자러 영암엘 갔다. 거기서 일하며 터 잡고 사는 친구도 볼 겸 여정을 잡았는데 출발하기 전 수화기 너머로 녀석의 당황함이 감지됐다. 대기업 팀장 직급이면 주말도 아니고 평일 저녁에 사적인 용무로 시간을 내기가 어렵다는 것쯤 기본 상식으로 알고 있어야 했는데 눈치가 꽝이다. 숙식을 해결할 싸고 깨끗한 곳만 좀 알아봐 달라고 했더니 녀석 미안했는지 자기네 회사 호텔이라며 예약을 해줬다. 임직원 할인 받았다면서.

나는 한반도의 남쪽 땅 동쪽 끝에서 서쪽 끝으로 공간 이동을 한 셈이다. 동해 바다와 서해 바다의 모습이 판이하듯 부산에는 없는 목포만의 정취를 기대하고 왔는지 모른다. 하지만, 부산과 목포(정확하게는 영암)가 거의 비슷한 위도에 위치하듯 두 도시의 밤은 거의 비슷하게 무기력했고 적막해 보였다. 히필이면 신업단지 내 조선소가 바라다 보이는 호텔 방에 기숙한 때문이라는 핑계를 대면 내 이런 실망이 덜할까. 알 수 없다. 베란다에서 바라보는 모든 밤 풍경은 생기 잃어 기신기신하는 나를 닮은 듯 흐리멍텅하다. 목포 시장통 허름한 여관에서 숙박했더라면 차라리 나았을까. 마구 으르렁대며 확 덤벼들 것 같은 위엄과 외경으로 나를 오금 저리게 만든 월출산만이 낮에 찍은 사진으로 남아 새삼 경이롭게 한다.

운전대만 붙잡고 앞만 보고 달리다 정작 남도의 정취를 모두 놓쳐 버렸다. 밀린 숙제에 쫓기듯 헐레벌떡 전진에 전진만 일삼았다. 그러려고 이 먼 곳까지 온 건 아닌데. 다시 남도로 여행 올 기회가 생기면 버스로만 움직이리라. 템포를 완전히 죽인 그야말로 완행 여행으로 남도 구석구석을 헤집고 다니고 싶다.

추워진 뒤에야 나무가 푸르다는 걸 알았다

큰딸은 중간고사 치를 준비에 여념이 없다. 제법 이력이 날 법도 한데 시험 때만 닥쳤다 하면 수험생 기분에 좌지우지되는 집안 공기가 영 마뜩잖다. 하지만 어쩌랴, 먼저 겪어본 선험자의 역지사지로 수험의 고충을 모를리 없으니 부모 된 자로서 이 정도 불편은 감수할 밖에.

유달리 까다롭게 여기는 국어 과목에 자꾸 애가 쓰이는지 큰딸은 손에서 국어책을 놓지 못한다. 막히는 게 있으면 왕년의 국어국문학도였던 아빠한테 물어볼 만도 하지만 모름지기 공부란 자신과의 외로운 전투라는 둥 결자해지 말고 외수가 없다는 둥 하나 마나 한 말만 지껄이는 아빠랑은 상종도 하기 싫은지 제 방문 걸어 잠그기 일쑤다. 아서라, 언제 적 국어국문학도라고 깝신대려는가. 알면 또 얼마나 알아서 난다 긴다 하는 요즘 교과서에다 대고 감히 토를 달 생각을 해? 무식하면 용감하다더니 딱 그 짝이다. 그저 가만히 있는 게 도와주는 거고 전설로만 남아야 전설 값을 하는 법이다.

군소릴랑 집어치우고, 엊저녁 딸아이 없는 방에 잠시 들렀는데 『독서와 문법』이라는 교과서가 눈에 쏙 들어왔다. 엊그제 밥상머리에서까지 놓지 않던 바로 그 책임에 틀림없다. 호기심에 책장을 넘기다 추사 김정희의 <세한도(歲寒圖)>에 관한 내용에서 시선을 멈췄다. 고작 두세 페이지 분량이 전부인데도 노란색 형광펜, 빨간 볼펜, 샤프펜슬 따위로 그은 데 또 줄이 그어져 있고 동그라미 네모 도형과 알아볼 수 없는 글자들이 괴발개발 마구 그려져 있어 종이가 너덜너덜 해어질 정도였다. 용을 쓰긴 했는데 딱 막힌 게루구나 촉이 오더라.

한국 전통미술의 대중화에 힘쓴 미술사가로 유명한 고(故) 오주석의 글이면 쉽고 재미가 있어 가독성이 뛰어나지만, 아주 뻔하고 진부한 표현일지 모르겠으나, <세한도>라는 그림과 발문 자체가 모질고 거센 세상의 어려움을 겪은 후에야 그 진가를 겨우 짐작할 수 있는 작품이고 보면 당장 교과서 내용이 어렵다고 해서 실망할 필요가 전혀 없다고 옆에 있다면 다독여 주고 싶었다. 감탄고토하는 염량세태를 직접 겪어보지 않고서 어떻게 역경을 꿋꿋이 견뎌내는 견정함을 깨달을 수 있으리. 발문 속 '날씨가 추워진 뒤에야 소나무와 잣나무가 늦게 시든다는 것을 알게 된다.'란 절창을 글만 되뇌고도 헤아린다고? 어불성설도 유분수지. 작년인가 전호근의 『한국철학사』(메멘토, 2015)란 책을 읽다가 <세한도> 발문 대목에서 갑자기 발분해 휘갈긴 내 메모는 이렇게 시작한다.

나이가 들어서야 발문이 눈에 들어올 줄이야. 나이를 먹음이 꼭 서러운 것만도 아니구나. 똑같은 발문을 십년 전에도 분명 읽었건만 이제야 비로소 사무치는 까닭은, 추사에 비할 바는 못 되지만 나 역시 세한(歲寒)의 곡절을 겪으며 제법 단단해져서인지 모르겠다. 추사가 설파한 '그림에서 글을 읽을' 경지야 언감생심이겠지만 발문에 담긴 정신의 꽁무니나마 겨우 좇을 수가 있어 참 다행이다. 감동스런 발문이다.

개뿔도 아닌 게 명작을 품평하는 품이 근천스럽기 짝이 없지만 큰딸 교과서 덕에 이런 염이라도 깨지락댈 수 있으니 우리 시절과는 다르게 아주 좋은 책을 품은 녀석이 무지 부럽다. 교과서는 역시 교과서다.

하비방문(下邳榜門)

한 번 죽고 한 번 살아남에 사귀는 마음을 알 수 있고,
一死一生 卽知交情
한 번 가난해지고 한 번 부유해짐에 사귀는 태도를 알 수 있고,
一貧一富 卽知交態
한 번 귀해지고 한 번 천해짐에 사귀는 심정을 알 수 있다.
一貴一賤 卽見交情

이런 처세

진시황을 암살하려는 형가의 기도가 좌절되자 진노한 진시황은 연나라를 보복 공격함은 물론 접경한 초나라도 공격하려 든다. 암살 주모자인 연나라 태자 단의 목을 가져온 이신에게 진시황은 초나라를 치려면 군사가 얼마면 되냐고 물었고 젊은 이신은 20만이면 충분하다고 대답했지만 늙은 왕전은 최소 60만은 되어야 진격할 수 있다며 엄살을 떤다.

진시황 왈, "왕 장군이 늙었구려, 그렇게 겁을 먹다니! 이 장군이 확실히 용감하니 그의 말이 맞다."

자신만만하게 출격한 이신은 하지만 어이없게도 패배하고 크게 화가 난 진시황은 병을 핑계로 칩거한 왕전에게 친히 납시어 사과하며, "과인이 장군의 계책을 쓰지 않았더니 이신이 진짜 진나라의 군대를 욕보였소이다. 지금 듣자하니 초나라의 군대가 하루하루 서쪽으로 압박해 들어오니 장군이 병중이긴 하지만 어찌 과인을 버릴 수 있겠소."라고 했다.

왕전은 60만이 아니면 전장에 나갈 수 없다 했고 진나라 군사란 군사 60만을 싹싹 긁어모은 진시황은 출정을 종용한다.

대장군을 전송하는 자리에서 이 왕전이란 늙은이가 진시황에게 요구한 게 뭔고 하니 좋은 땅과 집, 정원과 연못이라나. 기가 막힌 진시황이 떠나는 마당에 뭔 걱정이냐, 이기기만 하면 다 해줄게 했단다. 함곡관을 나가면서까지 이 노(老)장수는 다섯 번이나 진시황에게 사람을 보내 뱉은 말 꼭 책임지라며 떼를 쓴다.

이 영감탱이가 노망이 났나. 보다 못한 왕전의 부관이 한 마디 한다.

"채신머리없게 뭣 하는 짓입니꺼. 전쟁 이기면 어련히 알아서 해줄 낀데. 값 떨어지게시리."

왕전은 그제야 속엣말을 푸는데, "니는 그리 겪고도 모르니. 저 진왕은 성질이 사나울 뿐더러 사람을 절대 안 믿어. 진나라 안 군사란 군사는 다 긁어모아 나한테 줬는데 만약 내가 딴 맘 묵고 진나라로 말머리를 돌리면 무혈입성이야. 걔 목숨은 내 칼에 달렸고. 의심이 안 들까, 너라면? 땅이니 집이니 지한테 허접한 걸 자꾸 요구해서 나는 반역할 놈 아닙니다, 해야 걔대로 안심 안 하겠냐? 야, 나도 오래 살고 싶거덩."

다음 내용이 궁금하면 『사기열전』 「백기왕전열전」 읽어보면 알 테고, 지금으로부터 2,300년 전 인물의 처세가 현대를 사는 나보다 훨씬 엉큼하고 실팍해 부럽기 짝이 없다. 몇 수까지도 필요 없다. 단 한 수 앞을 내다볼 안목만 가졌대도 불가피한 시행착오를 줄이면서 둥글둥글하게 세상 살겠는데 그렇지 못하니 이 모양 이 꼴이다.

인간관계에서 손해를 적게 보는 기술을 처세술이라고 한다면 사람 많이 만나 많이 겪으면서 내공을 쌓아 처세의 금강불괴로 자처할 만하지만 누굴 만나 뭔가를 도모하다 티격태격하면서 인간관계의 섭리를 깨우치는 것들이 번잡스럽다고 느껴지면서부터(라고 쓰고 나이가 들었다고 읽는다) 손해가 날 것 같은 인간관계는 아예 안 맺는 게 상책이라고 여기기에 이르렀다. 사회성을 포기한 히키코모리가 사람에 따라서는, 경우에 따라서는 효과적인 삶의 한 방식이라는 말 같지 않은 구실을 내세우면서 말이다.

그럼에도 글자로밖에는 접하지 못할망정 신출귀몰하고도 기상천외한 선인들의 처세술을 내 것으로 내면화하는 노력만은 게을리 할 수가 없다. 알 수 없다. 살다보면 긴가민가하다가 어느새 사각의 링 위에서 작살나도록 얻어터지고 있을지도 모르니까. 그러니 실전을 방불케 하는 스파링 파트너를 앞에 두고 맷집을 기르는 훈련을 평소에 이어가는 것이야말로 처세를 위한 진정한 처세가 아닐 수 없다. 그렇다면 결국, 죽이 되든 밥이 되든 시끌벅적한 사람들 사이로 헤집고 들어가는 수밖에 없겠다. 실전만큼 훌륭한 훈련도 없다지 않나.

태풍 뒤끝

강풍과 폭우의 두려움은 딱 정오까지였고, 그러고도 한참 뒤에 찾은 청사포(青砂浦)에서 삼킬 듯한 너울을 보다 그만 오금이 저리고 말았다.

누군 경이롭게 지켜봤을 광경에 공포를 느낀 나머지 나는 방파제 앞 마을버스에 얼른 올라타 도망쳤다.

태풍이 아직 그 꼬리를 거두지 않았던 것이다.

(※26호 태풍 콩레이)

야구선수의 스탯

메이저리그 선수들은 어떤 통계 지표를 중요하게 여기면서 챙길까. 일간지 스포츠 지면에는 MLB.com이 야수 35명, 투수 35명 등 70명의 메이저리거를 상대로 설문조사한 결과를 공개한 내용이 실려 있다. 「타율보다 OPS, 자책점보다 이닝 수…요즘 메이저리거들에게 "스탯이란?"」(경향신문, 2018.05.09.)이란 기사 제목에서 알 수 있듯이 설문에 응한 타자들 중 10명은 OPS를, 투수 중 10명은 이닝 소화능력(inning eater)을 중요 스탯(통계 지표)으로 여긴다고 밝혀 최근 추세를 대충 엿볼 수 있다.

OPS(On base Plus Sluggling)는 장타력과 출루 능력을 함께 보는 장타율과 출루율의 합이다. '완성도 높은 타자'(세인트루이스 외야수 토미 팸)나 '쉽게 아웃당하지 않는 타자'(클리블랜드 1루수 욘더 알론소)로 OPS의 중요성을 강조하는데, 이는 오로지 선수 한 사람의 능력만을 놓고 잣대질하려는 다분히 개인주의적 발상의 혐의가 짙다. 물론 야구가 생계수단인 선수 입장에서야 이듬해 연봉 협상에서 우위를 점할 스펙을 쌓아야 하는 고충을 모르는 바 아니다. 허나 야구경기가 집단과 집단이 자웅을 겨루는 단체전이라는 사실을 간과하지 않는 이상 견고한 팀워크에 녹아든 선수의 능력이 현역 메이저리그 선수들이 중요하다고 판단한 스탯(OPS)과 얼마나 일치하는지는 따져볼 부분이다.

투수가 던지는 공을 타자가 방망이(배트)로 타격해서, 다이아몬드 꼴 내야의 각 꼭짓점에 놓여 있는 루[壘 : 적의 침입을 막으려고 튼튼하게 쌓은 구축물, '마지막 보루(堡壘)'를 기억하시라, Base]를 차례로 밟은(정복) 뒤 마지막으로 본루(本壘, Home Plate)로 귀환(홈인 home in)해 득점하는 게 야구다. 주어진 기회(정규 9이닝)에 누가 더 많은 점수를 획득했느냐에 따라 승패가 갈리다 보니 공격 팀 9명 타자는 어떻게든 상대 팀 투수가 던지는 공을 요리해 다이아몬드 각 루(壘)로 진루한 뒤 최종적으로 홈에 들어오려 하고, 수비하는 측은 안간힘을 써서 루를 빼앗기지 않고 실점도 막아야 하는 공방전은 참으로 흥미진진하다.

조자룡 헌 창 쓰데끼 방망이를 휘둘러 문지방이 닳도록 상대 팀의 보루를 지근지근 밟아대 '안타 제조기'나 '슬러거' 따위 간지 나는 닉네임이 붙여지는 영예야말로 가문의 영광이자 밤낮없이 방망이를 휘둘러댄 고난의 세월을 천문학적인 연봉으로 보상받을 수 있는 유일한 방책으로서 타자들에게 OPS의 의미가 지대할는지 모르겠다. 허나 선발 라인업이든 벤치 워머든 가릴 거 없이 모두들 쩐내 풀풀 풍기는 덕아웃에서 우글거리는 걸 저 원수 같은 상대 팀한테 결코 우리의 승기(勝氣)를 약탈당하지 않겠다는 다부진 의지와 팀 승리를 위해 이 한 몸 초개처럼 던지겠다는 투혼의 결집으로 해석한다면 패색이 짙은 9회 말 투아웃에 가뭄에 콩 나듯 역전홈런을 때려내는 군계일학의 기량만으로 구도(球道)의 리트머스가 온전히 변할까 하면 몹시 의심스럽다. 혹은 귀추가 주목되는 박빙의 순간에는 어이없는 헛방망이질로 찬물을 끼얹다가도 승패의 저울추가 완연히 기울어진 마당에 맥락 없는 출중 모드로 상대 투수를 갈아 잡수시더니 기어이 후세에 길이 남을 기록을 양산한다손 과도한 연봉 인플레이션의 수혜자로

야구선수 출신 조물주 위에 건물주 행세는 할는지 모르겠지만 전설(Hall of Fame)이라고 불리기에는 터무니없이 함량 미달이지 않을까.

근본 없는 개농철학이긴 해도 팀워크가 절정에 도달했을 때의 구기 종목은 스포츠를 넘어 예술이 된다. 구성원의 역량이 하나로 모아져 조화를 이룰 때 폭발하는 이른바 시너지 효과가 어쩌면 우리가 스포츠를 통해 만끽하려는 쾌감이 아닐까. 그러니 역량을 하나로 모으려는 팀을 위해 헌신하는 선수 개개인의 노력과 희생에 좀 더 포커스를 맞추고 그런 면을 평가할 정당한 잣대가 필요하다. 타자 응답자 5명은 OPS 말고 비교적 전통적인 지표인 '타점'을 중요 스탯으로 꼽았다. 루상에 나가 있는 주자를 홈으로 불러들여 득점에 성공하는 적시타(適時打)나 희생타(犧牲打)는 승리라는 목표를 달성하기 위해 팀과 팀원이 서로 상생을 추구하는 좋은 예라고 볼 수 있다. 팀에는 득점을 안겨주고 타자는 제 역할에 충실해 홀가분해서 좋고, 누이 좋고 매부 좋고 도랑 치고 가재 잡는 일거양득의 쾌거!

더불어 보스턴 레드삭스 에이스 크리스 세일은 "선발투수가 충분한 이닝을 소화한 것만으로도 자신의 할 일 절반은 한 것"이라며 이닝 이터가 팀에 미치는 영향을 우회적으로 밝혔는데 이 역시 아름다운 승리 방정식으로 귀결되는 선공후사와 일거양득의 또 다른 메타포임에 틀림없다. 평균 자책점이니 이닝 당 출루 허용률 따위 개인성과 이전에 팀의 중추로서 긴 이닝을 끌어가야 하는 투수의 역할을 드러낸 훌륭한 선언으로 전혀 손색이 없다. 야구는 투수 놀음이니께 암만.

군소리 더 늘어놓자면, 야구 전문기자 민훈기가 한화 이글스 제라드 윌리엄 호잉과 가진 인터뷰에는 '끝날 때까지 끝난 게 아니다(It ain't over 'til it's over).' '야구는 90%가 정신력이다. 나머지 반은 몸이고(Baseball is

90% mental. The other half is physical).' 등 명언을 남긴 요기 베라 만큼이나 시적이면서 철학적인 내용이 많다. 모든 땅볼보다 1루에 빨리 도달할 수 있다고 생각하며 전력질주를 한다는 호잉, 내년은 물론이려니와 은퇴하는 그날까지 KBL과 함께 하길 진심으로 바란다. 한화 팬으로 변절한 지 꽤 된 부산 남자가.

©CHOCHULJE

「새해에 행복해지겠다는 계획은 없다」를 다시 읽고

김영민은 교수이지만 그리 현학적이지 않다. 그러니 그의 글은 논리적이면서도 솔직담백하고 학자적 권위만을 내세우는 고압적인 먹물치들에게서는 찾아볼 수 없는 감수성이 생동한다. 글은 곁가지 다 치고 주제를 향해 저돌적으로 나아가는 것 같아도 전혀 노골적이지 않다. 메타포는 적절하고 때로는 읽는 이의 심금을 기어이 휘저어 놓을 만큼 절절하다. 아름다운 털털함. 닮고 싶은 지점이다. 세상을 살짝 삐딱하게 바라보는 것 같은 반항기에 조마조마하면서도 보편을 가장한 부조리의 뒤통수를 갈기는 글투에서 실로 오랜만에 짜릿한 기분을 느낀다.

2017년 세밑에 신문 칼럼으로 접한 그의 글을 꺼내 다시 읽었다. 가식이 끼어들 새가 없는 그의 글은 입바른 소리뿐이어서 통쾌하지만 사뭇 서글프다. 잠시의 쾌감에 가까운 행복보다는 차라리 소소한 근심을 누리겠다는 새해맞이 계획처럼 말이다.

새해라고 달리 거창할 게 뭐 있겠는가. 필자의 말처럼 오래 지속되기 어려운 덧없는 행복의 환상일랑 거두고 작지만 현실적인 근심들로 해서 작년에 이어 여전히 내가 불행하지 않다는 사실만을 확인하는 것으로 새로운 한해를 맞이하고 싶다.

매괴성당

음성 왔다.
한 해가 평안하자면 두말없이 따라나서야 할 처가 행.
바야흐로 6월은 장모님 생신이 끼어 있는 보은의 달.
서둘러 오긴 했는데 잔칫상 준비에 내가 할 일은 막상 없다.
되레 거치적거릴까 봐 슬금슬금 자릴 뜬다.
음성 옆 동네인 감곡엔 백 년 넘은 성당이 있어서
드라마와 영화의 단골 로케라나.
빈티지가 내 취향인데 시간 죽이기에 종교가 뭔들.
흔히 '매괴성당'이라고 불리는 '감곡매괴성모순례지성당'.
경건함을 품은 성당과 수녀원 회랑이 어설픈 탕아한테 나지막이 타이른다.
후환이 두려우니 얼른 가 전 부치는 시늉이라도 내라고.

사족

매괴는 가톨릭의 묵주를 의미해 묵주기도를 '매괴경'이라고 한단다. 묵주기두를 또 '로사리오(Rosario) 기도'라고도 하는데 로사리오란 장미꽃다발을 의미한다나. 해서 매괴는 장미다. 내 마누라 나온 학교 이름은 '매괴고등학교'이고. 오늘따라 어쩜 이리도 장미처럼 치명적일까 마누라가.

사진으로 나를 표현하다

나는 사진으로 나 자신을 표현한다.

출근길에 듣는 라디오디제이 입에서 나온
안드레 케르테츠라는 사진작가의 말.
자리에 앉자마자 들입다 작가의 사진부터 찾아본다.
사진이 던지는 묘한 분위기에
심장은 거세게 두방망이질해대지만
뚝,
그러다 만다.
그래서 사진이 뭐라고 하는데 너한테?
사진을 보고 무슨 말을 하고 싶은데 너는?
요란을 떨던 마음은 이내 꿀 먹은 벙어리가 되어버리고
볼 줄만 알았지 드러낼 줄은 모르는 머저리는
표현할 줄 안다는 사진가의 말이
그래서 더 깊게 사무친다.

석별

해운대구청 일자리센터 직업상담사는 공공근로사업의 일환으로 채용되는 기간 정함이 있는 기간제일자리로 길어야 9개월로 끝나는, 계약 기간을 다 채우면 두말없이 자리를 떠야 할 처지.

오늘은 먼저 들어와 그 9개월을 채우고 떠나야 할 고참 선생님들의 마지막 근무일. 오후에 잡혀 있는 직업상담사 전체 회의에서 자연스레 석별의 정을 나눌 테지만, 자리 비웠다간 민원인들 질타가 대단한 본청 상담창구만은 한 달에 한 번 정기적으로 열리는 전체회의 날에도 불침번마냥 순번을 둬 자리를 지켜야 하는데 공교롭게도 오늘이 내 차례.

지루하기 짝이 없는 회의에 공개적으로 빠지는 홀가분함을 만끽해도 될 법한데 오늘만은 엉덩이를 마냥 붙일 수가 없다. 떠나는 선생님 중에 내 선임이 끼어서겠지. 짧은 인연이었지만 선임이 보여줬던 직업상담사란 직업에 대한 진지한 태도와 열정은 나를 각성시켰다. 인생의 스승은 나이와 연륜에 구애를 받지 않는다. 젠더는 더더욱 의미가 없고. 제 직분에 충실했던 사람, 본받을 만했기에 오늘이 더 아쉽다. 이럴 줄 알았으면 더 살갑게 대할 걸.

빈자리는 곧 메워지겠지만 그때 그 사람의 부재를 극복하려면 한동안 걸릴지도 모르겠다. 그러니 회자정리는 늘 버겁다. 내 시한도 손가락을

꼽아본다. 4월부터였으니 무탈하면 2019년 12월 31일이 최종일이 되겠군. 그 해의 마지막 날에 종지부를 찍는다는 건 대단히 극적이지만 그 이후 거취가 불확실하다면 부질없다. 그래서 내일 시험을 보러 대전까지 달려가는 거겠지만.

생각이 많은 유월의 마지막 금요일이다.

대전 냉면

고용노동부 무기계약직 선발 필기시험 치러 대전 가니 마치면 얼굴이나 함 보자고 했더니 장맛비를 뚫고 시험장까지 달려온 대전 사는 친구.

당락(當落)은 팔자려니 여기고 허기나 우선 달래자며 데려간 <사리원>이란 냉면집.

냉부심을 내세울 만치 냉면을 알지는 못하지만 입때껏 먹어본 그 어떤 냉면보다 친구와 먹은 냉면의 풍미에 흠뻑 빠졌다.

시험 시간 맞추려고 새벽밥 먹고 올라온 고단함, 제한시간 2시간을 꽉꽉 채우는 근래 보기 드문 애살, 그런데도 뒷맛은 영 개운치가 않아서 더 고단한 심신을 대번에 무장 해제시켜 버린 그 미친 냉면 맛은, 대전에서 소문난 평양냉면 본연의 맛이건 말건, 밥이라도 먹여 보내려는 먼 데 사는 친구 녀석의 훈훈함이 심심한 냉면 육수와 잘 섞여 내 입맛을 홀렸을지 모를 일이다.

지워지지 않을 잔영

1996년 겨울, 혹한기 훈련을 겸한 연대전술훈련(RCT)은 위수 지역을 한참 벗어난 훈련장에서 전개될 계획이라 예정된 숙영지까지 기동훈련을 겸한 100㎞ 행군이 전날 새벽부터 24시간 이상 이어졌다.

김일성 주석 사망 다음해인 1995년 ROTC 장교로 임관해 강원도 동북지역 최전방사단의 중화기 중대로 배치 받았는데 차량 탑재용이 아닌 도수운반용 81㎜ 박격포가 운용 화기였다. 1문의 중량이 50㎏이 넘는 탓에 행군 시에는 포판, 포다리, 포열 3단 분리해 짬밥 순으로 이고 지고 메고 가는 방법밖엔 없었다. 분리를 했대도 하나같이 20㎏에 육박하는지라 군장 위에 그 무게만 한 쌀 포대를 더 얹은 꼴로 산세 험한 강원도 산악 지역을 동네 야산인 양 오르내리기란 상상이 쉽게 안 가는 고역이다.

포다리, 포판, 포열 중 가장 묵직한 데다 휴대까지 불편한 포다리는 식소사번(食少事煩)을 도맡아 하는 일병 말과 상병 초가 짊어지고 포열은 상병 고참이 책임진다. 군장 틀을 개조한 지지대에 타이어 고무줄로 단단히 고정시킨 포판은 대개 이병 몫이다. 지게처럼 지고 다닐 수 있어 상대적으로 편할 것 같지만 짬밥 얼마 안 먹은 이병에게는 천근만근이다. 그럼에도 굳이 신출내기한테 강요하는 까닭은 무거운 화기를 다루는 부대원이면 갖춰야 할 체력이랄지 깡다구를 그들 사이에서 면면히 이어져 온 '길들이기 프로세스'에 맞춰 배양시키려고 하는 일종의 통과의례이기 때문이다. 간부들은 그들의 불문율을 모른 척 눈감아 줬다. 그렇게 해서라도 진절머리 나는 험지에서 무탈하게 제대할 수만 있다면야 신참 다루는 방식이 좀 고약하기로서니 교범에도 없는 짓을 빌인다녀 FM 티를 팍팍 내는 꽉 막힌 간부는 별로 없을 테니까.

다만 순전히 고참의 주관적인 판단만으로 우열이 갈린 뒤 이른바 고문관으로 낙인이 찍혀 군 생활 내내 곤욕을 치르다 자칫 사고로 이어질 우려가 있는 인원을 예의주시하는 건 오롯이 소대장의 몫이다.

24시간 무박 행군에 산전수전 다 겪었다는 베테랑도 버티기 힘들었을 게다. 그렇잖아도 바윗덩이 같은 포판 무게에 짓눌려 행군 내내 죽을 맛인 신출내기들은 오죽할까. 아가리를 연신 벌리고 도사린 낭떠러지 외길에서 몽롱한 의식을 억지로 붙잡고 위태롭게 횡보하는 녀석들 중에 하나둘씩 푹푹 쓰러져 갔다. 군기반장인 고참 상병은 소대장이 보건 말건 아랑곳하지 않고 낙오자의 철모를 쥐어박고 욕설을 퍼부어대면서 대열로 복귀시키려고 애썼지만 속수무책이었다.

부상병을 대대 의무 차량으로 호송하라는 지시를 내렸다. 그리고는 그들만의 불가침 룰에 어쩔 수 없이 메스를 가했다. 박격포를 계급에 관계없이 돌아가면서 짊어지게 하고 부상 위험이 높은 이병의 포판 운반은 절대 금한다고. 그들이 구축해 놓은 질서를 무시하고 싶은 생각은 추호도 없었으나 상황이 너무 심각했다.

소대 보유 박격포가 총 3문이니 포판도 3개다. 당시 소대에 배속된 이병은 5명이었고 그 중 한 명이 호송되는 바람에 4명이서 3개를 맡아야 했다. 지휘자의 엄명에도 불구하고 나머지 이병들이 여전히 번차례로 포판을

메는 것으로 룰만은 고수하겠다는 의지를 그들은 분명히 했다. 명령에 불복할 만큼 대단한 신념인가 하는 넌더리가 났지만 하는 수 없이 그들 방식을 내버려두기로 했다. 어떤 식으로든 작전 시간 내 목표 지점에 도달하는 게 시급해서 문책 따위로 금쪽같은 시간을 낭비할 겨를이 없었고 무엇보다 소대장 역시 이미 방전 직전이라 만사가 귀찮기만 했다.

헌데 행군을 시작할 때부터 내리 그 녀석 등짝에 걸쳐진 포판만은 마치 제 몸의 한 부분인 양 절대 떨어지지 않았고 다른 병사로 옮겨진 걸 본 적도 없었다. 게다가 누구도 그 녀석을 대신해 메겠다고 자청하지도 않았다. 깍짓동 같은 동료들과는 달리 왜소하기 짝이 없는 체격인데도 냉정한 무표정과 침묵으로 일관하며 한 치의 흐트러짐조차 찾아볼 수 없는 무서운 집념에 차라리 섬뜩했다. 묵묵히 걷고 또 걷기만 하던 녀석은 소대장 전령이었다.

소대 배속된 지 3개월째인 녀석은 대대 전입 시점부터 요주의 인물이었다. 부모 이혼, 가출, 폭력으로 인한 소년원 수감 이력 따위로 가뜩이나 휴전선을 목전에 둔 전투부대에서는 관심사병으로 낙인찍혔고 내무반 동료들은 녀석을 기피했다. 일찍 겪은 풍파로 감정선을 거세당한 때문인지 좀처럼 속내를 드러내지 않는 뚝뚝한 녀석한테 일병이 맡아야 할 소대장 전령 임무를 맡긴 건 가까이 두고 감시하지 않으면 안 되겠다는 찌질한 불안함에 기인한 바 컸다.

아무도 예상하지 못한 녀석의 분투는 대대장에게까지 보고되었다. 숙영지에 도착하자마자 대대장이 직접 녀석을 격려했지만 녀석은 으레 무표정으로 무덤덤해할 뿐이었다. 본격적인 전술훈련에 앞서 한나절 가량 정비 시간이 주어졌다. 녹초가 된 몸부터 추스르고 부상 치료가 급선무였다. 병사들 열에 일고여덟은 장시간 행군으로 발 부위가 터지고 까지는 부상을 당했다. 군화를 벗게 했고 신속한 응급치료를 지시했다. 불요불급한 작업을 일체 금지시키고 많은 시간을 수면에 할애하게 했다.

하지만 녀석은 소대장 전용 A형 텐트를 치는 것도 모자라 소대장 군장까지 정비하려는 듯 부산을 떨었다. 왜 지시대로 휴식을 취하지 않는가, 힘이 그리 남아도느냐며 면박을 줬다. 죄송하다는 말을 남기고 녀석이 뒤돌아서 가려는데 절뚝대는 뒷모습이 하도 힘들어 보여서 다시 불러 군화를 벗고 소대장 텐트에서 잠시 쉬라고 지시를 내렸다. 알아서 쉬겠다면서 극구 거절하는 게 아무래도 께름칙해서 다른 병사를 시켜 억지로 군화를 벗기게 했는데 웬일인지 군화가 벗겨지질 않았다. 덜컥 두려운 마음에 급히 군화를 찢게 했고 순간 소대장은 두 눈을 질끈 감고 말았다. 군용 양말은 피 범벅인 채로 살에 달라붙어 뜯어내지 않고는 달리 방법이 없을 지경이었다. 양말을 조각조각 찢어 내자 군데군데 살점이 뜯겨져 나왔고 군의관을 급히 불러 응급치료를 부탁했다. 곤란해 하는 녀석의 표정에서 문득 공포를 읽었다. 치료를 받는 중인 자기를 물끄러미 쳐다보는 고참 상병과 눈이 마주친 녀석의 표정에서.

전술훈련이 끝난 6개월 뒤, 대대는 전방 철책 근무가 결정됐다. 임무의 특수성으로 투입 대원을 대상으로 한 신원조회를 실시해 부적격자를 가려내는 절차가 이뤄졌다. 예상한 대로 녀석은 투입 제외자로 분류되어 후방대대로 전출 명령이 떨어졌다. 소대원 전원이 합류를 원하는 소원 수리를 했고 소대장 역시 강력하게 요청했음에도 녀석의 철책 근무는 결국 무산되었다. 투입 불가가 결정되던 날 소대장은 소대장 BOQ로 녀석을 불렀다. 맥주를 따라 주며 번복되지 않은 결정을 알려주면서 위로했다. 내 맘 같지 않네. 낙심하지 말고 지금처럼만 하면 어디 가서든 인정을 받을 거다. 지독한 무표정으로 녀석은 마시지 않은 맥주잔을 줄창 쳐다보기만 했다.

철책에 투입된 이후로 진위가 불분명한 녀석 소식이 드문드문 들려왔다. 인근 대대로 전출 간 지 얼마 안 있어 불미스런 사건에 연루되어 다시 사단까지 바뀌는 전출 명령을 받았다는 소식이 있었지만 신빙성을 의심받았다. 투입 전날 소대장 BOQ로 찾아온 녀석이 쏟아내던 말이 떠오른다.

"철책 투입이 제게 뭘 의미하는지 알긴 하지만 기를 쓰고 애쓰지 않았습니다. 안 될 줄 뻔히 알았으니까. 근데 소대장님이 무조건 끌고 가겠다고 해 혹시나 하는 헛바람이 들고 말았습니다. 처음부터 '너는 가능성이 제로야.'라고 딱 잘라 말만 해줬어도 제 기분이 이리 더럽지는 않을 겁니다. 어쨌든 안간힘은 썼지 않았냐면서 생색을 낸들 제가 고마워할 것 같습니까? 앞으로 영영 안 보기를 바랍니다. 우연히 마주치더라도 제가 무슨 짓을 저지를지 알 수 없으니까 말입니다."

우연히 상봉한다면 녀석은 그때 절규했던 말을 기억할까? 나는 무슨 변명을 대면서 어색한 순간을 모면할까?

군 복무 때 있었던 해프닝쯤으로 눙치면 그만이겠지만 소대장이란 알량한 감투를 내세워 요란한 설레발이나 치던 내가 미치도록 가증스러워서 녀석의 문드러진 발바닥이, 무심한 표정 속에 감춰진 좌절과 불안이 지워지지 않을 잔영으로 영원히 남아 있다.

굴다리 추억

지금은 폐교된, 내가 나온 중학교는 부산 문현 교차로 어디쯤에 있었다. 집에서 철길을 따라 20분 정도 걷다 보면 나타나는 교차로 아래 굴다리를 지나야 언덕배기 학교로 향하는 통학길이 멀리서 보였다. 굴다리를 지나는 느낌은, 당연한 소리겠지만, 아침 등교 때와 오후 하교 때가 전혀 딴판이었고, 좀 거창하게 말하자면 속박과 자유의 극단성이 굴다리라는 경계에서 오락가락했음에 틀림없다.

지지리 궁상도 모자라서 하루가 멀다 하고 아귀다툼을 벌이던 가난한 자들의 무허가 판잣집과 뜨내기손님의 호주머니나 털 심산으로 징그러운 교태를 부리던 한물간 노기(老妓)들로 북적대던 홍등가가 철로 변에 포진했던 곳에서 영문 모를 좌절감을 알아서 체득하며 내 유년 시절은 시작됐다. 그리고 무한대로 이어질 것 같던, 시간을 삼킬 듯이 아가리를 벌리고 서 있던 굴다리 속 어둠의 터널로 들어갈 때마다 넌더리나는 일상으로부터 탈주를 감행하려는 음모를 꿈꾸지만 소심한 기질 탓에 굴다리 속 포근한 어둠에 기대 찰나의 안온함에 만족할 뿐이었다.

하지만 나는 얼마간 조숙했다. 격정적인 낭만에 휩싸인 십대 소년은 굴다리 속에서 답답한 현실이 사라지고 아름다운 이상향이 펼쳐질 주문을 걸듯 바이런 경의 '이제는 더 이상 헤매지 말자.'란 시구를 되뇌곤 했으니까.

그렇게 굴다리는 내 불우한 정서의 탈출구로 중학교 3년을 함께 한 것이다.

부산에는 묵직한 역사를 품고 아직도 제 자리를 굳건하게 지키고 있는 굴다리들이 몇 있다. 처음 만들어졌을 때 목적성을 그대로 간직하고 행인들의 통행을 종용하는 굴다리가 있는 반면에 그저 흘러간 시대의 상징성만 앙상하게 남은 채 용도폐기가 유예된 굴다리도 없지 않다. 뭐가 됐든 상관없다. 존재하는 모든 굴다리의 이편과 저편은 시간의 분단을 조장해 최루를 불러일으키는 그리움으로 나를 격발시키니까. 슬프고도 아련한 내 유년시절이 문득 떠오르다 소환이 불가능한 세월의 속절없음에 분개하면서도 굴다리 저편의 희미한 빛을 따라 가며 미지의 희망을 좇는, 그렇게 굴다리는 내게 의미심장하다.

중학교 동창이 직접 촬영한 굴다리 사진을 보면서 깊은 상념에 빠지다.

순간과 지속

구와바라 시세이의 「무언의 데모」
사진만 보면
그 결연한 침묵이 아름다우면서도
왠지 숙명적일 것만 같은
배반(背叛)이 아른거렸다

잘 찍은 한 장의 사진 속에는
순간과 지속이 엉켜
갈등하고 반목하면서 공존한다
순간은 탐미적이고
지속은 역사적이어서
잘 찍은 사진 한 장이야말로
그 자체로 예술이다
예술로 사진을 바라보는
심미안을 갈구하는 나이지만
기껏
스크랩한 신문 기사나 들춰서

이따위 헛소리나 지껄일 뿐이다

나는

여전히

사진을 알고 싶다

©CHOCHULJE

아, 욕하고 싶다!

능청스런 이야기꾼인 성석제 소설을 읽다가 울 아부지 즐겨 쓰시던 표현이 툭 튀어 나와 반갑다 못해 밑줄까지 쳐뒀다.

울 아부지로 말하자면 유창한 구변과 신실한 충직함으로 지역구 국회의원의 무한한 신임을 받은 덕에 부산 아무개 동의 별정직 동장(洞長)에 발탁되었고 그 여세를 몰아 이임 후에는 구의원까지 두 차례나 지낸 화려한 경력의 소유자이시다. 중학교 중퇴가 전부인 학력이 두고두고 콤플렉스로 남지만 공식석상에서 써야 할 행사용 언어와 시궁창에 처박혀 다시 건질 필요를 전혀 못 느끼는 언어를 거의 동물적인 감각으로 능수능란하게 다루는 언어의 연금술사로서 '맘마', '찌찌' 따위나 옹알대던 어릴 적부터 나를 기상천외한 이중 언어의 세계로 인도하셨다. 정정하신 기력으로 이중 언어화자의 위용을 여전히 드높이실 법도 하지만 발 없는 말이 천 리나 간다는 걸 이미 눈치 챈 다 큰 손녀 둘 앞에서 '쌔빠질 놈'이니 '씨상이 방상이 같은 넘' '문디 콧구녁에 마늘씨를 빼먹을' 따위 표현으로 저속함과 구수함의 경계에서 모호하게 구는 게 할아비 채신머리에 별로 도움이 안 된다고 판단(역시 동물적인 감각!)하셨는지 누가 듣든지 살짝 부담이 가는 바른 말 고운 말에 기대는 경향이 짙어져 되우 아쉽다.

생각이나 느낌을 탁월한 언어 사용으로 잘 드러내는 당신에 비해 발가락에 낀 때만도 못한 내 구변으로는 함구불언(緘口不言)이 상책이긴 한데도 무심코 날아든 짱돌로 잔잔한 마음에 생채기라도 날라치면 갖은 욕지거리나 후련하게 지껄여서 심사를 풀고 싶다는 욕구가 밀려든다. 꼭지가 돌아버릴 지경에 이르러서도 꼴에 선은 지켜야 한다는 바른생활 교과서 모드를 견지하려는 자세는 일견 대견하다.

하지만 경우가 있니 없니 자체검열만 일삼다가 정작 속은 문드러질 판이니 뭐가 옳고 그른지 헷갈리기 일쑤다 우라질. 그 선이 뭐냐면, 동물(주로 개)이나 남녀 성기를 빗댄 노골적인 막장 된소리 퍼레이드는 절대 금물이고, 듣는 이로 하여금 자기한테 지껄이는 게 비난일 성싶은데 일련의 해석 과정을 거치지 않으면 섣불리 대들기가 거시기한 아리송한 단어로 나열할 것. 여느 사람보다야 한 번이라도 더 국어사전을 뒤적였을 국어국문학도의 체통을 지키기 위해서라도 메타포로 돌돌 말린 문학적 상상력이 빚어낸 기발한 단어들의 집합체로서 욕을 지향한다는 뭐 그런 거(개 풀 뜯어먹는 소리). 아무튼 반목의 창(槍)으로 내 속을 인정사정없이 찔러대는 목전의 웬수 덩어리를 향해 날리는 말발 한 방이 그로기 상태로 몰아넣는 피니시블로라면 얼마나 통쾌할까, 죽었다 깨어나도 가망 없는 바람을 가져 본다.

여담이지만, 옛사람들이 늘어놓는 육악담(肉惡談)은 나에게는 늘 관심의 대상이었다. 귀에 착착 감기는 말맛이 여간이 아닌 데다 익살맞은데 능청스럽고 기발하면서 구성지기까지 한 언어의 향연을 감상하는 재미는 꽤 중독성이 강하다. 옛사람에게 이입돼 현실에서의 불만을 해소하려는 대리만족의 심리가 아니라고는 말 못 하겠다.

오동잎은 빗물에 씻기고

장산 대천공원에서 근처 재래시장으로 향하던 가을의 어느 일요일, 길바닥 낙서를 발견했다. 한시(漢詩) 구절일 성싶은데 반듯하고 정갈해 보이는 글씨체에 가던 길 멈추고 사진부터 박았다.

階前梧葉已秋聲(계전오엽이추성)
섬돌 앞 오동잎은 이미 가을소리를 알린다

풍류를 아는 한문깨나 익힌 등산객이 오는 가을 마중 차 일필휘지 했나 본데 오동잎(梧葉)이란 한자를 알아본 나는 엉뚱하게도 '오동잎 한 잎 두 잎'으로 시작하는 최 헌의 노래만 자꾸 흥얼거린다. 하기야 성리학의 창시자라는 주희가 지은 7언 절구(「우성偶成」)나 최 헌이 부른 <오동잎>이나 스산한 가을바람 머금은 오동잎이 처량하게 느껴지는 건 매한가지니 아주 뚱딴지는 아니리라.

그건 그렇고, 좍좍 쏟아지는 빗줄기가 너무 서운해 오늘 아침이 개운치 않다. 요새는 보기 드문 분필로 써놓은 시 구절이 빗물에 다 쓸려 갔으려나. 추정(秋情)을 시샘하는 하늘이 참 야속타.

偶成

주희

少年易老學難成　소년은 늙기 쉽고 학문은 이루기 어려우니,
一寸光陰不可輕　아주 짧은 시간이라도 아껴 가벼이 해서는 안 되네.
未覺池塘春草夢　연못 가 봄풀에 얽힌 화사한 봄꿈 깨기도 전에,
階前梧葉已秋聲　뜰 앞 오동나뭇잎은 이미 가을을 알리는구나.

웬수 덩어리냐, 생명의 은인이냐

대전에 사는 곽, 천안 강, 전라도 광주 김, 부산 골드미스 한과 추석 연휴 때 하루 만났다. 다들 능력이 출중해 줄곧 한 직장에서 무탈하게 근속을 이어가는 중이다. 아무리 제 식구라도 사람 봐가며 계열사를 바꿔줄 게 뻔하니 전보다 더 나은 지금 회사로 옮긴 강이야말로 능력자다. 암튼 강도 한 직장으로 치고 이야기를 시작하자.

각자 분야에서 어느덧 중견의 반열에 올라서서 제법 거들먹거릴 만한 사회적 지위를 얻은 중년들의 만찬은 고상한 기품으로 흘러 넘쳐야 마땅할 텐데, 눈치는 애저녁에 쌈 싸 드시고 무람없는 TMI를 남발하는 천안 사는 강만은 사라는 술 대신에 빈축만 일껏 사고 앉았다. 시종이 여일한 사람이 드문 세태에 한결같음이 기특하긴 한데 브레이크가 고장 난 그의 장광설을 오늘은 또 얼마나 들어줘야 할지 걱정부터 앞섰다.

내가 아는 강은 절대 방약무인한 위인은 아니다. 그저 발바닥만도 못한 눈치로 본의 아니게 지인들 사이에서 천덕꾸러기 취급을 받을 뿐이지. 쥐좇같은 흠 때문에 과소평가 당하는 것 같아 본인은 억울해할지 모르겠으나 기실 대학 학력고사 점수로 보나 다니고 있는 직장 면면(대기업 전자회사 경영기획실)으로 보나 전혀 꿀릴 게 없는 강이다. 홀어머니 슬하의 장남이라는 무지막지한 책임감이 뒤처지면 끝장이라는 벼랑 끝 독기로 표출돼

학창시절부터 치열한 자기노력의 대명사로 소문이 났었고 고군분투 끝에 지금은 누구나 동경하는 대기업의 중견에 섰으니 충분히 타의 귀감이 될 만하다. 엔간해선 뿌리치기 힘든 과시욕이란 유혹에 넘어가지만 않는다면 말이다. 강 입장에서야 친구들끼린데 뭔 대수냐 할는지 모르겠지만 그 유혹의 파장은 의외로 대단해서 '바늘 가는 데 실 가고 바람 가는 데 구름 가듯' 우리들 사이에서는 '강' 하면 '아니꼽다'라는 감정이 제일 먼저 떠오르고 그런 이미지가 굳어진 지 오래다. 본래 무딘 건지 무딘 척하는 건지 하여간 그 눈치 없음이 강의 치명적인 흠이다.

자랑질을 하더라도 때와 장소, 사람을 잘 가린다면 의외로 자기PR의 효과적인 기제로 작동해 타인으로부터 선망과 동경을 끌어낼 텐데 한 끗 차이로 과유불급의 순간, 재수 없다는 쑥덕거림을 자초하게 된다. 주변인들 반응을 슬쩍슬쩍 곁눈질해가며 조신하게 거들먹거리던 강이 어느새 눈가에 회심의 잔주름이 지면서 참기름을 처바른 듯 목소리가 능글능글해졌다면, 이미 금단의 강을 건넌 셈이다. 강아, 과유불급의 강을 건너지 마오. 강이 기어코 선을 넘으셨네. 자화에 자찬하시니 오늘은 또 어찌 감당할꼬.

기계공학도 출신인 강이 다산 정약용의 유배지로 알려진 전남 강진 다산초당과 다산에 얽힌 역사적 에피소드를 술술 늘어놓을 때는 한국사검정 1급인 나도 부끄러울 지경이었다. 세계 4대 오페라를 오리지널로 섭렵했다고 뽐낼 때는 고급스러운 문화생활을 영위하는 데 드는 비용을 거뜬하게 감당하고도 남을 억대 연봉자의 저력에 기가 팍 눌렸고 우월한 경제력을 갖춘 강이 솔직히 부러웠다. 하여 개뿔이나 가진 것 없는 자신을 책망하거나 대오각성하야 문화인의 대열에 합류하기 위해서는 오락문화비에 과감하게 지출을 늘려야 하고 당장 여력이 없으면 지출액만큼 수입을 확보하기 위해서라도 지금보다 더 뼈 빠지게 일해야겠다는 투지를 불사를지 모른다. 그가 딱 거기까지만 말을 했다면 말이다. 강의 발언이라면 진즉 사보타주에 들어간 걸 아는지 모르는지 공허하게 이어지는 군소리의 행렬은 늘어질 대로 늘어진 카세트테이프 소리 같아도 강은 기어코 주절거렸다. 사족, 그 군더더기의 무한대를 향해서.

중학생인 큰 아들이 초등학교 때 가족들과 다산초당을 다녀온 뒤 정약용이 활약했던 조선 후기 정조 치세의 정치, 사회, 문화, 예술을 일목요연하게 정리해 학교 제출용 과제물에 고스란히 구현해냄으로써 도저히 초등학생이라고는 믿겨지지 않을 수준에 이르러서(아비의 지도 감독이 있었기에 가능했다는 행간의 의미를 잘 읽어야 한다) 학교에서 대단치도 않았다는 얘기는 가정교육의 중요성을 새삼 각성시켜 줬다는 점에서 자식 기르는 한 사람으로서 곱게 받아들이고자 했다. 연애 시절 지금의 아내에게 보다 특별한 걸로 어필하고 싶다는 고민 끝에 뮤지컬로 대표되는 공연예술을 원 없이 보여 주겠다는 제안을 했다는 얘기조차도 강이니까 벌일 수 있는 로맨틱한 이벤트라며 속 깊게 받아들이려고 했다. 하지만 난데없이 데이비드 카퍼필드 마술쇼로 화제가 바뀌더니 눈앞에서 사람이 감쪽같이 사라지는 걸 목격하는 초근접 관람이야말로 공연예술의 백미라는 둥, 그러니 배우의 숨소리, 표정까지 생생하게 즐길 수 있는 R석(Royal, 최고급석) 관람이야말로 돈독한 부부애를 위한 포기 못 할 절대 원칙이라고 군더더기를 쏟아내는 순간 더는 나도 참을 수가 없었다. 오리지널 공연장 R석은커녕 영화관도 일 년에 한두 번 갈까 말까 한 나와 마누라는 깨져도 수백 번은 깨졌을 금슬 아닌가. 입술만 가볍게 놀렸을 뿐인데 재랄의 고수만이 시전(示轉)한다는 언중유골술로써 듣는 이로 하여금 자조, 자학을 넘어 부아가 뒤집히게 만드는 경지, 도저히 그 끝을 알 수 없구나, 강의 철딱서니여!

대화의 고삐를 쥐었다 하면 풀 생각을 전혀 하지 않는 강을 가뜩이나 째진 두 눈이 더 째지도록 흘겨보던 대전 곽에게서 설핏 교활한 미소가 스치자마자 입에서 튀어 나온 비수 같은 한 마디는, "강아, 니한테 바나나보트 타자고 꼬신 나는 웬수 덩어리냐, 생명의 은인이냐?"

강이 전자회사로 옮기기 전에는 그 재벌 계열사였던 자동차 회사에서 근무했었다. IMF로 인해 자동차 회사가 문을 닫으려고 하자 길바닥에 나앉게 생긴 종업원들이 부산 서면에서 항의 농성에 돌입했다나. 바야흐로 바캉스 계절인 한여름, 휴가 차 부산에 들른 곽이 뙤약볕 아래에서 생고생하는 강을 위로할 겸 바람이나 쐬자며 데려간 곳이 해운대 바닷가. 신난 강이 그 길로 신상 슬리퍼까지 장만해 따라나섰고 그들은 바나나보트라는 당시로서는 첨단을 달리는 수상 놀이기구를 즐기기로 했다. 다섯 명이 한 조를 맞추는데 처음에는 보트 선두에 강이, 곽은 후미에 자리를 잡고 그 사이에 어여쁜 아가씨 셋이 탑승했다. 해운대 바다를 신나게 휘젓고 돌아와서는 '한 번 더!'를 외쳤고, 그 멤버 그대로 모터보트 시동을 재촉했다. 바로 그때 무슨 바람이 불었는지 강과 곽은 자리를 맞바꿨고 강은 자기 앞에 앉은 어여쁜 아가씨를 향해 제법 걸쭉한 썩소를 날렸지만 무반응, 아무튼 여름 레저의 진정한 하이라이트인 바나나보트는 그 두 번째 질주를 시작했다. 그렇게 신나게 즐기고 돌아왔는데 어럽쇼! 바나나 꽁지에 붙어 있어야 할 강이 감쪽같이 사라졌다. 아무리 정신이 팔렸기로서니 보트가 요동칠 때 사람 나가떨어지는 소리도 못 들었을까. 하지만 강 앞에 자리를 잡았던 아가씨는 제 뒤에 누가 타건 말건 아무런 관심이 없었다는 듯이 고개만 절레절레 흔들고는 가버렸다.

놀다가 당해도 조난은 조난이다. 구명조끼를 입었다고는 해도 먼 바다로 떠밀려가지 말란 법이 없으니 안심할 수 없었다. 내 친구 찾아내라고 바락바락 악을 쓰는 곽. 사태가 심상찮았는지 점빙 주인은 해양경찰에 구소를 요청했고 제트스키 여러 대가 바나나보트가 지나온 일대를 수색하는 등 난리법석을 떨었다. 수색한 지 삼십 분쯤 지났을까, 뒤집힌 거북이 형상으로 허우적대며 살려 달라고 울먹이는 강을 다행히 발견하긴 했다. 이후로 한동안 바닷가 트라우마(정확하게 말하면 바나나보트 트라우마)로 진저리를 쳤다는 후문이다. 지껄이는 꼴이 하도 얄미워서 옛날 흑역사를 상기시키면서 강을 한 방 먹인 곽이다.

이쯤에서 얘기가 끝났다면 그 당시 조난으로 공포에 떨었을 강을 동정하고 짓궂게 군 곽을 향해서는 통쾌와 비난이 뒤섞인 시선들을 날렸을 텐데, 그럴 강이 절대 아니다.

"계류장에 다 왔는데 다리가 후달거려서 내릴 수가 있어야지. 경찰 아저씨가 허리 끊어질 것 같으니까 잡고 있는 팔이나 제발 풀라고 하길래 설설 기어서 보트에서 겨우 내렸어. 근데 슬리퍼 한 짝이 없는 거야. 그날 산 신상인데."

개나 줘버리렴 그런 TMI는, 강아!

병 주고 약 주는 감이 없지는 않지만, 자주 보지는 못해도 만나기만 하면 삶을 향한 투쟁심을 불끈 솟구치게 만드는 친구가 강이다. 회사에서든 가정에서든 어쩌다 만나는 친구들과의 술자리에서든 최선을 다하려는 그 치열한 열정이 부럽고 닮고 싶다. 사소한 것에도 관심을 기울이고 자기 것으로 만들어야만 직성이 풀리는 완벽주의자의 면모. 그러니 그에게 허투루 낭비하는 시간이란 없다. 나 같은 반거들충이가 강과 해후하는 것 자체가 가뭄에 단비다. 흐트러진 정신의 매무새를 가다듬는 계기로는 그만이니까. 바람이 있다면, 해후하기 전 가졌던 기대감을 그대로 간직한 채 손 흔들고 헤어지면 좋겠다. 강아, 술자리에서 내뱉는 말의 삼분지 일만 덜어낸다면 자네는 진정한 이 시대의 멘토가 될 수 있어. 여백의 미학을 즐길 줄도 알아야 한다는 말일세.

©CHOCHULJE

나의 시네마 천국

해운대구에 소재한 사우나·찜질방의 관리과장을 맡던 2015년으로 거슬러 올라가자.

해운대 달맞이언덕은 외지인들 사이에서 소문난 부산 여행 코스 중 하나인데 그 초입에는 유서 깊은 건물이 마치 이곳의 터줏대감인 양 해운대 바다를 향해 장중한 자태를 드러내고 있다. 해운대 바닷가로 핫 플레이스를 자처하는 첨단 건물이 우후죽순으로 솟아도 바다를 배경으로 인생 사진 한 컷 건지기에 안성맞춤이라고 오래도록 회자된 덕에 유람객들의 발길은 여전하다. 그 건물은 부산에서 피자란 걸 제일 처음 만들어 팔았다는 레스토랑(곁방처럼 기생하는 듯해도 달맞이언덕의 명실상부한 포토 존이다!)과 함께 새 건물주에게 팔린 직후 대대적인 리모델링이 이뤄지게 된다.

부산에 적을 둔 신발 제조업체의 창업주이기도 한 새 건물주는 해운대를 넘어 부산의 랜드마크로 부상시키겠다는 당찬 포부를 제일성으로 밝힌 뒤 일흔 넘은 노구로 공사를 독려했다. 자타가 인정하는 막강 재력을 보유한 노(老) 회장께서는 만방에 자신의 권능을 과시하고픈 욕구가 지나친 데다 이를 노린 하이에나 같은 아첨꾼들의 교언영색에 쉽게 현혹되는 팔랑귀를 가졌음인지 본인의 입맛에 맞지 않으면 공사가 진행 중임에도 끊임없이 수정을 요구해와 리모델링은 배가 산으로 가는 형국이 되어갔다. 제 논에

물 대겠다는 노 회장 전횡에 피가 거꾸로 솟은 실무자가 한둘이 아니었다는 후문이지만 들어가 일 년 반 만에 자리 털고 나온 나는 제멋대로인 그 노욕 덕택에 이전에는 물론 없었고 이후로도 다시없을 대단한 호사를 누렸으니 오히려 고마워해야 할 판이다.

어깨를 겯은 듯 사이좋게 해운대 바다를 향해 서 있는 레스토랑과 찜질방 건물 측면으로 건물 면적만 한 야외 주차장이 노상에 자리 잡고 있다. 방문객 차량을 주차시키는 건 물론이고 해운대 앞바다를 즐기는 또 하나의 전망대 역할을 하는 공간이기도 하다. 그 주차장 정면에서 바라보는 찜질방 건물 외벽은 노 회장이 최애한다는 아이보리 톤으로 말끔하게 칠해져 있고 큼직하게 네모반듯한 게 영화관 대형 스크린을 방불케 한다. 얼핏 듣기로는 공사 현장을 순시할 적마다 노 회장은 그 외벽이 눈에 계속 밟혔다나. 리모델링으로 얻게 될 경제적 효과에 그 외벽도 일익을 담당할 법도 한데 쉽게 떠오르질 않았다나. 그러다가 가려운 차에 등 긁어준다고 주변에서 들쑤신 게 옳거니, 기발한 발상이로고!

주차장에 대형 빔 프로젝트를 설치하라는 엄명이 득달같이 떨어졌고 번갯불에 콩 볶데끼 후다닥 만들었다. 영화관의 영사실을 축소해놓은 것 같은 상자에 격납되어 있는 빔 프로젝트의 우람한 덩치도 덩치려니와 성능의 탁월함에 혀를 내둘렀다. 스쿠버다이버가 바다 속을 유영하는 장면을 담은 영상 한 토막을 시험 삼아 띄웠었는데, 그야말로 장관이었다. 화면으로 빨려 들어갈 것처럼 몰입도는 최고조에 달했고 손으로 만져지는 듯 생생했다. 아이맥스의 흥분이 아마 이런 느낌일 게야. 경이로운 문명의 이기로고!

밤이면 밤마다 빔 프로젝트로 영화를 상영하면 달리 노천극장이겠습니까. 광고 선전비로 애먼 돈 쓸 것 없이 건물 외벽을 스크린 삼아 영화 상영하는 찜질방으로 입소문만 돌면 해운대 명물로 짝자그르할 테고 찜질방은 물론이거니와 레스토랑도 덩달아 손님들로 들끓어 돈을 갈퀴로 긁는 일이 벌어질지도 모릅니다. 이것이야말로 일다쌍피에 누이 좋고 매부 좋고 도랑 치고 가재 잡는 격 아니겠습니까. 그럴 듯하다고 여긴 팔랑귀 회장님은 그 길로 용단을 내렸던 게고 반지빠른 아첨꾼은 노 회장의 물욕에 부응함으로써 자기의 입지를 공고히 다졌을지 모르겠다.

막상 설치는 했지만 상영으로 인한 혹시 모를 리스크에 대비하기 위해 아랫것들의 점검 회의가 열렸는데 그 자리에서 저작권이란 단어가 불쑥 불거졌고 뭐가 저작권법 위반이고 어느 선까지가 용납되는지 조사하라는 지시가 내려왔다. 저작권 협회다, 영화 상영 관련 협회다 찾아다니며 부산을 떨어댔고 도대체 무엇을 어떻게 영사(映寫)하는지가 궁금해 대형 스크린을 걸어놓고 장사하는 가게를 수소문해 찾아 다녔다.

그렇게 한동안 요란을 떨다 최종 결론이라면서 올린 내용은, 상영은 자유지만 제작된 지 70년(60년인지 가물가물한데 암튼)이 넘어서 언제 한 번 본 적이 있었나 싶을 정도로 하도 생소해서 왜 남의 영화를 허락도 없이 함부로 올리느냐는 소송에 휘말릴 가능성이 거의 없는 영화라면 뒤탈 날 염려가 그나마 덜하지 않을까요.

뭣 모르고 저질렀다가 된통 당하느니 차라리 없던 일로 하자는 둥 기왕에 설치는 했으니 하는 시늉이라도 내봐야 하지 않겠냐는 둥 난상토론 끝에 상영 쪽으로 의견이 기울어졌지만 이번에는 은막에 뭘 띄울 거냐는 문제에 봉착하게 된다. 아랫것들 사이에서 난데없이 영화 품평이 벌어지며 갑론을박하는가 싶더니 찜질방을 관리하는 담당 과장 본연의 임무가 아니냐며 더 아랫것인 나한테 슬쩍 전가했다. 이런 느자구없는 경우가 어디 있냐며 투덜거렸…을 내가 절대 아니다! 겉으로는 불편한 기색을 드러내는 척했지만 그 결정에 내가 얼마나 흥분했는데! 바닷물 흠뻑 머금은 해풍으로 후텁지근한 2015년 한여름 밤을 한 편의 영화로 수놓는다, 그것도 내가 직접 고른 영화로. 이토록 낭만적일 수가! 며칠을 뒤진 끝에 제작햇수, 인지도, 민원 발생 가능성 등을 감안한 한 편을 선정해 내부 심의를 거친 뒤 마침내 빔 프로젝트의 전원이 켜지던 날. 나는 《시네마 천국》의 알프레도로 빙의했다.

아이보리 색 외벽 스크린에 흑백의 거대한 움직임이 나타나자 모든 이들이 탄성을 질렀다. 잿빛 배경 속 생동하는 배우들에 압도된 채 외벽만을 응시하는 관중을 쳐다보면서 불과 50초짜리 열차 도착 장면만으로 세상을 경악시킨 뤼미에르 형제의 쾌감을 알 것도 같았다. 그러면서 나는 한껏 고무됐다. 먹고살자니 하는 수 없이 괴팍한 부옹(富翁)의 청지기나 하는 신세지만 한 편의 경이로운 파노라마를 주관하고 있는 나야말로 지금 이 순간만은 진정한 타이틀 롤이라고! 색채와 음성이 소거 당한 초라한 흑백 무성영화가 그 유명한 '키스신 퍼레이드'의 감동에는 못 미친다 하더라도 지금 이순간만은 내가 알프레도도 됐다가 토토도 되었다고!

한동안 똑같은 영화가 똑같은 시간에 상영되었다. 소리를 빼앗긴 똑같은 배우들이 타성에 젖은 양 어제와 똑같이 뛰고 자빠지고 웃다가 울 뿐이었다. 스크린은 점차 생기를 잃어갔고 넋 놓고 탄성을 자아내던 구경꾼들은 은막의 주인공이 펼칠 다음 액션을 안 보고도 줄줄 되뇌다 심드렁하게 '질리지도 않나 봐!', '칙칙한데 그만 틀지!' 한 마디씩 내뱉고는 자리를 뜬다. <영화 상영 프로젝트>를 완수한 몇 달 뒤 나는 퇴사했다.

거대한 스크린 속 무성배우들의 슬랩스틱이 아직도 요란스러운지 궁금하다. 기대했던 매출 증대는커녕 밤마다 틀어대는 흑백영화가 을씨년스럽다는 동네 주민들 빈원에 격노한 노 회장이 아예 철거를 명했을지도 모를 일이고. 영화 《시네마 천국》의 낯이은 장면이 나타나자 감회에 젖었다.

달, 다리, 그리고 재즈

용이와 광안리 바닷가 근처 재즈 바엘 갔던 일화를 글로 남겼었다. 그 글이 페이스북 <과거의 오늘>이라면서 불쑥 튀어나오자 새삼 감회에 젖었다. 자청해 인도네시아 공장으로 떠난 뒤로 연락 뜸한 녀석 얼굴까지 덩달아 생각이 나자 지난 추억이 애틋하고 그립다.

공연은 밤 10시부터고 우리는 30분 일찍 자리를 잡았다. 무대를 준비하는 콰르텟 연주자들은 악기 조율에 한창이고 초저녁 전작이 과했던 사내 둘은 그 30분이 여간 지루한 게 아니었다. 취기도 가실 겸 잠깐 가게 밖으로 나가 밤바다를 배회하기로 했다.

가게를 나서자 곧장 펼쳐진 광안리 해변은 재즈 바가 하늘로부터 부여받은 천혜의 조건으로 더할 나위 없다. 바다를 전경(全景)으로 두고 벌이는 재즈 연주라, 바다가 던져주는 낭만 부스러기만 받아먹어도 이미 배가 부른데 거기에다 재즈라니! 건물주가 바다 프리미엄을 얹어 월세를 더 받겠다고 생떼를 부린들 악덕한이라고 비난할 자 그 누구인가.

가을 바다를 휘감은 밤공기는 냉기를 머금었으되 더없이 삽상했다. 가게 앞 이차선 도로를 거침없이 무단 횡단한 우리는 관광객들로 붐비는 인도에 아무렇게나 주저앉아 광안대교 야경과 절묘한 앙상블을 연출하는 바다를 멍하니 응시한다. 다시없을 무드에 걸맞은 근사한 무언가가 나올 법도 하지만 기껏 한참도 지난 헤식은 첫사랑 얘기나 나불댔을지 알 길이 없다. 불금 밤은 오늘로 마지막이라고 작정이라도 한 듯 광안대교는 이전보다 더 광적으로 조명을 내뿜었지만 다리 위 밤하늘에 떠있는 보름달은 그런 세상을 무심하게 내려다보는 듯했다. 그 광경이 그럴싸해 무작정 한 컷 찍었다.

재즈 바 공연을 직접 보는 건 얼추 십 수 년 만이다. 서울에서 직장생활을 하던 1998년 겨울 즈음, 한창 사귀던 서울내기 여자가 갑자기 잠적했다. 이별통보의 서울 버전인지는 모르겠으나 어제까지만 해도 같이 밥 먹고 차 마시던 상대가 다음날로 종적을 감춘 현실을 받아들이기에는 꽤 오랜 시간이 걸렸다. 객지생활로 고단했던 마음을 어루만져주던 여자에게 쏟았던 정은 상상 이상이었지만 실연으로 들이닥친 울적함은 훨씬 잔인했고 진절머리가 나도록 오래갔으니까. 만신창이가 된 채로 강남역을 방황하던 어느 날, 들려오는 멜로디에 끌려 타워레코드엘 들어갔다. 이전 같았으면 혼자서는 절대 들어가지 않았을 거기서 재즈와 처음 만났다. 그날 넋이 나가도록 나를 자극했던 곡명은 전혀 기억이 안 나지만 음악 특유의 음침함과 우울함이 울적했던 심사와 묘하게 엉겨 붙어서는 이후로 줄곧 내 정서를 지배했는지 모르겠다(눈물을 쏙 빼놓게 할 만큼 우울했었다면 재즈가 아니고 블루스였을지도. 아무려면 어때, 재즈나 블루스나 초록은 동색인데). 이후로 헛헛한 퇴근길을 달래려고 회사 근처 재즈 바를 무던히도 들락거렸다. 음악적 호기심으로 재즈에 빠진 건 아니었을 게다. 우중충하고 서글프기도 한 재즈적 무드가 깊게 패인 감정의 생채기에 달라붙어서는 나를 농락했다는 게 더 정확하겠다. 하지만 바로 그 음침함 때문에 음악 같지 않은 음악이라는 혹평을 쏟아내는 마누라 등쌀에 못 이겨 결혼 전부터 모아뒀던 음반들을 폐기처분한 뒤로는 대놓고 듣는 음악으로는 거북살스러워졌고 차츰차츰 관심도 사그라졌다. 이후로는 사람 마음을 쥐고 마구 흔들어대던 당시 애청곡이 흘러나와도 칫솔대로 박박 문대야 찔끔 나오는 치약처럼 빈약한 내 감수성의 튜브에서는 희미한 공감의 신호만 겨우 보낼 뿐이었다. 모처럼 스툴에 앉아 무대를 바라보면서 감회에 젖은 게 어쩌면 당연한지도 모른다.

트럼펫 주자가 리드하는 <My Way>는 무난했다. 애드립이 유니크한 드럼 연주가 인상적이면서도 다른 연주자와 적절하게 조화를 이루는 대목에서는 고수의 냄새마저 풍겼다. <My Way>의 고전성에 천착하지만 즉흥성과 모던함도 엿보인 무대는 그럭저럭 들어볼 만했다고 개뿔도 모르는 주제에 연신 나불댔지만 참 오랜만에 재즈 바라는 공간에서 재즈와 한 몸으로 섞인 에로틱함에 빠져 연주야 실은 건성이었다.

다음 곡을 앞둔 브레이크 타임이 또 지루했는지 녀석이 그만 나가자고 보챘다. 흥취를 더 이어가지 못해 아쉬웠지만 광안리 바닷가를 배회할 구실이 생겼다는 점에서는 보람찼다. 자기가 원하는 결과와 반대로 꼬이는 상황을 '머피의 법칙'이라고 하는데 재즈와의 돌연한 해후가 머피가 될는지 샐리가 될는지는 두고 봐야겠다. 그러고 보니 재즈 바 이름이 〈머피〉였던가.

그 시절 그 노래

학군단 후보생 시절로부터 <전선을 간다>란 군가를 제일 애청했다. 씩씩하게 튀어나오려는 템포를 누르고 느릿느릿 불러대면 진혼곡이 되는 군가. 죽은 자의 넋이 상처 입은 노송이라는 가사까지 되씹다 보면 비장함은 더욱 증폭되어 부를수록 멜랑콜리해진다.

모차르트 레퀴엠이 부럽지 않다.

강원도 최동북방 지역인 인제군에서도 북쪽으로 한참 더 올라간 민간인통제구역을 코앞에 둔 부대를 자대라고 배치 받아서는 과연 제대는 제대로 할 수 있을지 암담하던 소대장 복무 시절, <멋있는 사나이>, <진짜 사나이> 따위 마초 타령이 영 작위적이고 부질없어서 훈련이나 작업을 마치고 부대로 복귀하는 길이면 사방에 팔방을 둘러봐도 '높은 산 깊은 골 적막한 산하'일 뿐인데도 소대원들한테 어김없이 <전선을 간다>만 부르게 했다. 군가는 아마 이렇게 제창하라고 지시했을 것이다.

“행군 간에 군가 한다. 군가는 <전선을 간다>. 목소리 힘 빼고, 템포는 느리게. 군가 시작 하나 둘 셋 넷.”

금빛 낙조가 서산 허리에 걸렸을 무렵, 칙칙한 B급 군복을 입고 훈련에다 작업으로 피곤에 전 병사들이 축 처진 목소리로 템포 느리게 부르는 군가를 군 통수권자가 듣는다면 네가 그러고도 국토를 수호할 소대장으로 자격이 있느냐며 영창 행을 명할지도 모를 일이다. 하지만 난 주야장천 <전선을 간다>만 고집했다. 군가 제창 지시도 절대 안 바꾸고 말이다. 귀양살이 같았던 2년, 쥐좆만큼도 정이 안 가는 강원도 인제군 453도로 축선의 그 적막강산에서 이렇게라도 반역을 꾀하지 않는다면 지레 말라 죽을 것 같은 느낌이 자꾸 들어서.

<전선을 간다>를 작곡한 최창권은 한때 피아니스트로 활약한 뮤지컬 연출가이자 <로보트 태권 V> 주제가를 작곡하기도 했다. <로보트 태권 V>는 또 <세월이 가면>을 절창한 최호섭이 어릴 적에 불렀고 최호섭은 최창권의 둘째 아들이다. 최근에 이 사실을 알게 된 나는 몹시 궁금해졌다. 부친이 작곡한 <전선을 간다>를 내가 부르라는 식으로 최호섭이 부른다면 과연 어떤 느낌일지.

며칠 전 같은 학군단 출신 선배 예닐곱 명과 만나 밤새 즐기다가 꽐라가 되기 직전에 들른 노래방에서 <전선을 간다> 만큼이나 내 마음을 흔들어 놓은 옛날 애인 같은 노래를 듣게 되어 무지 반가웠다. 나훈아가 부른 <찻집의 고독>을 개사해 만든 <후보생의 고독>은 학군단의 전통과 궤를 거의 같이 하는 유서 깊은 ROTC 노래로 통한다. 후보생 시절에 무시로 불러재끼던 그 노래를 까맣게 잊고 살았는데 술에 떡이 되었어도 거의 반사적으로 튀어나오는 가사에 놀라워하면서 울컥해졌다. 부르는 와중에 뭉클 솟는 감회가 마음을 적시면서도 또 한편으로는 그 시절을 함께 했던 동기, 선배, 후배들의 얼굴이 나타났다 후딱 사라지는 게 무심한 세월의 장난 같아 서글프기까지 했다. 아, 속절없는 내 청춘이여.

학군단에 입단했을 때 내 가슴은 뛰고 있었지
훈련복을 지급받던 날 죽었다고 복창했었다
입영훈련 힘들었어도 님 생각에 참아왔었고
장교 될 날 기다리면서 푸른 꿈을 키워왔었다
아 대한민국의 육군 소위가
이렇게도 고달픈 것이라서 아아
참고 견디어 열심히 배워
대한민국의 멋진 장교 되리라

빠바바바 바바바바바
빠바바바 바바바바바
빠바바바 바바바바바
빠바바바 바바바바바

아아아 대한민국의 육군 소위가
이렇게도 고달픈 것이라서 아아
참고 견디며 열심히 배워
대한민국의 멋진 장교 되리라
멋진 장교 되리라~ 아아~아아~
빠밤빠밤빰빰 쉭쉭쉭

끝에 나오는 의성어 모음인 '빠밤빠밤빰빰 쉭쉭쉭'에는 고달픔과 서러움이 기조를 이루던 노래의 정서를 한 방에 역전시키는 유쾌한 반전미가 있다. 안 들어본 사람은 모를 테니 학군단 출신이거나 현재 후보생으로 활약하고 있는 사람을 데려다 불러보라고 시켜보라. 이왕 데려올 거면 느낌 잘 아는 사람으로 골라 일단 한 잔 먹인 뒤에.

©CHOCHULJE

행님아

일흔은 넘어 뵈는 여자 어르신 세 명이 주변 공원을 걸어가면서 '언니, 내가 더 가깝지예?' '맞다야. 우리 집보덤 더 가깝네.' 주고받는 소리가 들렸다. 다른 건 모르겠고, 나이 많은 상노인들 사이에서 '언니'란 단어가 하도 생경하고 신선해서 가던 길 멈추고 도란도란하는 그들 뒷모습을 한참 쳐다봤다.

2019년 한 해를 집-직장만 오가는 거의 칩거 수준으로 보낸 것 같아도 아주 두문불출한 건 아니다. 손가락으로 꼽기가 민망할 정도로 드문드문 했을 뿐이었지. 그 가운데 소싯적 놀던 가락이 되살아나 밤새 객기를 부리며 흥청댔던 한 모임이 '언니'라는 단어에 격발되어 불쑥 다시 떠오른다. '언니' 대신 '행님'이란 호칭을 얼추 수삼 년 치는 몰아서 나는 그날 밤새 이 사람 저 양반한테 불러댔을 게다. 나만 빼고는 그날 모였던 전부가 손위여서기도 했지만 그 '행님'이란 호칭을 연신 불러댄다고 한들 전혀 어색하지 않고 부를수록 정겨움이 배가가 되었던 까닭이겠다.

모인다는 소식을 듣고 처음엔 굉장히 망설였다. 모임을 주최하는 당사자가 아닌 나로서는 가도 그만, 안 가도 표가 별로 안 나는 이른바 옵저버 신세일 따름이고 외박이라는 것 자체를 성가시게 여기는 나이가 되어 버린 탓도 컸다. 무엇보다 막상 만난다 한들 들떴던 처음 기대와 흥분과는 달리 금세 번아웃(burnout)이 되어 버리는 변덕이 갈지자를 그리는 데 가장 큰 원인이었다. 요랬다조랬다하는 마음을 다잡고 을씨년스럽도록 추적추적 비 내리는 어느 가을 저녁 경남 창녕으로 향하는 시외버스에 몸을 실은 나는 어쨌든 '행님'들을 만났고 한동안 끊었던 술을, 양주와 소주와 맥주가 뒤섞인 폭탄주를 예사롭게 퍼마시면서 대취했고 밤새 흥청망청 놀았다.

먹고사는 일에 짓눌릴지언정 일 년의 단 하루만은 모두 모여서(행님들은 모두 일곱 명이다) 얼굴 보고 저녁이나 먹자며 의기투합한 건 재작년이었고 대전에서 그 첫 모임을 가졌었다. 그때도 동생 한 녀석(내 동기)이 옵저버로 참석해서 흥청망청 즐기다 갔고 작년에는 나 말고 '행님의 행님' 한 분도 합석해 갑장 취급을 받으면서까지 기꺼워했다.

대충 감 잡았겠지만 격식을 차린 고급스런 만찬 따윈 애시당초 가당찮다. 창녕시외버스터미널 인근 횟집에 먼저 와 있던 몇몇은 전작으로 벌써 거나해져서는 일 년 만에 보는 반가움일랑 어따 팔아먹고 없고 갓 도착해 숨도 채 돌리지 못한 일행한테 소주 반 맥주 반을 섞은 맥주잔부터 불쑥 들이민다. 후래삼배(後來三杯)를 급히 들이켠 뒤 그때부터 달리고 달리며 밤새 또 달렸다. 1박2일 일정에 유의미한 계획이 아주 없진 않았다. 예를 들면 다음날 아침에 기상해서 천변(川邊)을 함께 산책하며 사는 얘기 진중하게 나누자 뭐 그런 훈훈한 계획…은 온데간데없고 쓰린 속을 부여잡고 해장국집으로 직행해 얼른 한 끼 때우고 믹스 커피 한 잔, 담배 한 모금을 마지막으로 어영부영 모임의 종언을 고한 채 각자 집으로 향한다. 그러니 낼모레면 오십 줄인 중년들의 철없는 한때쯤으로 깎아내려도 달리 대거리할 수도 없겠다.

하지만 실로 오랜만에 나는 거기서 사람 사는 맛에 흠뻑 젖었다. 과거를 반추해 내 잘근잘근 곱씹어대는 술자리에서 '행님'들은 나이 들고 세파에 찌든 지금의 나 대신에 우리가 처음 만났던 이십 대 때 나로 허물없이 대했다. 잘났건 못났건 귀하건 천하건 세상의 속된 잣대일랑 무시해 버리고 그냥 잘 아는 친한 동생으로 마주대하는 그들과 함께하면서, 과거란 아무짝에 쓸모없는 공허한 잔재가 아니라 '나'라는 존재가 무력해지고 무용해지는 열등감이 엄습했을 때 존재 가치의 불꽃이 더는 사위어 들지 않게 지켜주는 파수꾼, 야경꾼으로 든든한 뒷배가 되어줌에 감사했다. 절대 변하지 않을 천진난만으로 과거는 물론 지금-현재까지 공존해 준 그들에게 명명하는 '행님'이라는 호칭은 그래서 웅숭깊다. 그래서 내게 값지다. 그래서 어르신들의 '언니' 소리에 그토록 내 가슴 들놀았다.

행님들아! 다들 건강하지요. 다음은 일산이라지요? 멀긴 해도 꼭 가볼 작정입니다. 정말 고맙습니다.

입말

하루는 오후에 허기가 져 군임석거리가 없나 하고 맞은편 상담 창구를 어슬렁거리는데 여성새로일하기센터에서 파견 나온 여자 선생님이 두유 한 팩 건네면서 '먹고 떨어지세요!' 하는데, 얼음 꽉꽉 채운 아이스박스에서 꺼낸 사이다를 벌컥벌컥 들이켰을 때처럼 청량감이 확 몰려 왔다. '이거라도 마시면 한결 나아질 테니 얼른 잡수세요.'나 '퇴근이 얼마 안 남았으니 조금만 참으세요.' 따위 겉치레성 발언이나 주워섬겼다면 내가 이렇게까지 흥분하지도 않는다. 두유 팩을 건네려고 할 때부터 장난기 머금은 표정을 못 본 건 아니었지만 그냥 주면 괜히 섭섭하니까 툭 던진 입말이 자칫 서먹함에 일그러질지 모를 증여의 장면을 유쾌함으로 극적 반전시키는 데 결정적인 역할을 한 것이다. 그렇게 받은 두유를 바로 먹어치우는 건 증여자가 조성한 파격의 도가니를 뭉개버리는 도저히 용납할 수 없는 행위다. 그날 그 입말을 상기시켜 오늘도 내일도 혼자서 미친 놈 마냥 낄낄대고 즐기자면 두유 팩은 기억을 소환하는 매개물이지 더 이상 식용이 아니다.

익살과 해학으로 범벅인 글에 이력이 난 성석세란 글생이를 알고부터 완전히 매료됐다. 덕분에 말하듯이 쓴 글의 매력에 흠빽 빠졌고 성 아무개 말고도 구성진 구라쟁이로 누가 있을지 궁금해 도서관을 찾았다가 『임꺽정』(홍명희), 『장길산』(황석영), 『객주』(김주영), 『토지』(박경리)를 들추면서 입말의 묘미를 만끽하는 중이다.

서울대학교 정치외교학부 김영민 교수라고 하면 「추석이란 무엇인가」라는 칼럼으로 일약 한국 에세이계의 총아로 떠오른 자인데 그가 새로 낸 책 『우리가 간신히 희망할 수 있는 것』(사회평론, 2019)은 이전 저서인 『아침에는 죽음을 생각하는 것이 좋다』(어크로스, 2018)와 더불어 김 교수 특유의 유머와 해학을 가독성 높은 글투로 표현한 에세이집이다. 정치사상, 사회현상, 영화와 『논어(論語)』에 이르기까지 다양한 주제에 관해서 대화를 하듯 쉽게 엮어나가되 결코 저열하지 않은 글투와 묵직한 지적 포만감까지 안겨주는 지성까지 탑재해 읽어볼 만하다. 흔히 융통성 없고 권위적인 이미지가 연상되는 교수님인데도 불구하고 일반 대중이 쉽게 다가갈 수 있는 글을 쓸 줄 아는 글재주가 부럽기만 하다.

좋은 글 나쁜 글을 분간하는 기준이 뭘까. 요즘 들어 나는 그 기준을 이렇게 정한다. 읽었을 때 술술 읽혀지는지, 아니면 책장을 넘길 때마다 화가 나는지 하는 것으로. 글에 실린 내용이 글의 수준을 좌우하긴 하지만 일단 잘 읽혀야 좋은 글이다. 상투적인데 국적불명인 어법이 뒤죽박죽 섞여 있고 돼먹잖은 문어 투가 난무하는 글은 독자를 질리게 할 뿐 아니라 화나게 만든다. 만약 우리가 일상에서 대화를 하듯 글을 써내려간다면 그런 이질감이 들 이유가 없을 게다. 그런 차원에서 꼴에 글이랍시고 써왔던 내 글은 다 쓰레기다. 시간과 공력을 무지 들였건만 모든 글이 예외 없이 읽기가 불편하다. 내가 안 읽어지는데 남들은 오죽할까. 글짓기 연습을 처음부터 다시 해야 할 판이다. 수월하게 읽어 내려갈 수 있는 글을 짓는 연습 말이다.

송년 모임

일전에 대전 사는 곽하고 통화를 나눴는데 일신상의 변화가 생긴 모양이었다. 경기도 오산으로 회사 이전 계획이 전해졌을 때 대전 집을 처분할지 말지 고민이 깊었단다. 하지만 온 식구가 떼로 움직이자니 여기저기서 삐걱대는 소리가 너무 요란해 속 편하게 혼자 고생하기로 작정했다. 회사 근처에다 원룸을 구해 기거하던 처음 얼마간은 해방감으로 그렇게 편할 수가 없더니만 지금은 퇴근하기가 끔찍하다나 뭐라나. 휑한 방구석에 혼자 멀뚱하게 있자니 무료해서 죽을 맛이라고도 했다.

졸지에 생홀아비 신세가 된 자기를 위로하는 차원에서라도 식사만은 상다리 부러지게 차려 먹는데 혼술이 빠질 수 없다며 자랑인지 한탄인지 알쏭달쏭한 말만 지껄이는 게 아닌가. 그래서 그 혼술 값 아껴서 연말에 부산 내려와 한 턱 쏘라고 농을 쳤더니 안 그래도 남은 연가(年暇)로 연말연시 달아서 쉴 생각이라며 부산 가면 연락하겠다고 했다.

통화한 지 두어 주쯤 지난 데다 세밑이라고 해봐야 며칠 남지도 않았는데 여태 감감무소식이니 아쉽지만 기대는 접어야겠다. 두주불사를 마다하지 않던 내가 작년 이맘때 어떤 계기로 해서 자발적 음주를 삼가겠다는 결심을 하고부터는 자발이든 비자발이든 거의 입에 대질 않았다. 삼 년 넘게 이어온 금연의 효과까지 더해지자 고질적인 만성피로가 말끔히 사라지고 운신하기가 한결 편해졌다. 허나 세상에 공짜란 없는 법. 건강을 얻은 대신에 관계망을 제물로 바쳤다는 건 쓰라리다. 어색하고 밍밍하던 분위기가 단숨에 화기애애하게 역전되는 술의 마법을 모르지 않으면서도 그 술로 인한 후유증을 감당해내기가 점점 벅차서 갈수록 먼저 연락하는 일이 드물어졌다. 몸이 멀어지면 마음도 멀어지게 마련인데도.

긴 방황 끝에 돌아온 탕아처럼 가족밖에 없단 걸 비로소 깨달았지만 머리 굵어질 대로 굵어진 딸애들 뒤꽁무니를 따라다닐수록 눈치가 발바닥인 천덕꾸러기 신세만 더 확인하고 만다. 자연 마누라 얼굴만 애처롭게 쳐다보게 됐지만 그마저도 아, 세월이 야속하더라. 남편밖에 모르던 마누라는 더 이상 소싯적 마누라가 아니었다. 틈만 나면 제 친구들 따라서 운동이니 외식이니 집에 붙어 있기보다 밖으로 나다니는 시간이 더 많아졌으니. 바깥으로만 싸돌아다니다가 식구들 얼굴까지 잊어버리겠다며 구박을 쏟아낼 때는 언제고 지금은 집구석에만 틀어박혀 있지 말고 제발 친구들 만나러 나가라나 뭐라나.

몸만 건강해선 좋을 게 없다. 외톨이 신세로 정신 건강이 망가지는데. 가끔은 소신이라는 걸 밀쳐두는 융통성이 대인관계에서는 필요한 법이다. 그렇게 해서라도 지인들 뇌리에서 나라는 존재가 잊혀지는 걸 어떡하든 지연시키고 싶다. 그래서 옛적엔 안 그러더니 꼼수만 늘었다는 지청구를 듣는 한이 있더라도 슬기로운 술자리를 위한 이 고육지책은 궁즉통의 산물이다. 죽었다 깨어나도 주종(酒種)은 오로지 맥주로 하겠다. 스카치위스키를 온더락(on the rock) 스타일로 마시듯 얼음 잔뜩 집어넣은 큰 잔을 따로 주문해 거기에 맥주를 부어 마신다. 끽해야 5도짜리 맥주에다 물을 탄 거나 다름없으니 마신 듯 안 마신 듯 어정쩡하긴 해도 분위기만은 맞출

수 있을 테니 덜 송구스럽겠지. 어쨌든 술은 마신 셈이니 그 기분에 진탕 수다나 떨든가 남 얘기에 껴들어 훈수 두는 재미로 사람 만나는 술자리를 즐기면 될 일이다.

그런데, 막상 갈 데가 별로 없고 불러주는 곳도 별로 없다.

소설 임꺽정을 읽으면서 흥미로웠던 점은 소설 속에 등장하는 인물들이 하나같이 수다스럽다는 거다. 그들은 틈만 나면 서로 만나서 밤 새워 이야기한다. 죽일까 살릴까 으르딱딱거리다가도 어느새 살아온 역정(歷程)을 늘어놓는 한 놈이 있는가 하면 그걸 또 천연덕스럽게 듣고 있는 다른 한 놈을 상상하면 엽기적이기까지 하다. 그럼에도 시중에 떠도는 소문일랑 전혀 괘념치 않고 당사자한테 단도직입해 좋은 놈, 나쁜 놈의 시시비비를 가리는 장면은 가장 간단하면서 신선한 관계 형성의 방법이다. 인간관계의 시종이 오로지 이야기하기에 달렸다면 너무 과장된 표현일까. 하긴 스마트폰도 없고 페이스북, 카카오톡, 밴드 같은 SNS도 없던 시절의 교류는 사람들하고 무조건 만나는 걸 의미할 테고 아무리 앙숙지간이라도 말 한 마디 없이 방구들에 앉아 있기도 참 힘든 노릇 아니었을까. 혼자서도 재미나게 놀 만한 것들이 지천에 깔린 요즘에 비해 뭐가 있었겠는가, 그 옛날에. 그저 술상 봐두고 밤새 노닥거리는 거 말고는 말이다. 오죽하면 전기수(傳奇叟)가 최고의 인기 직업이었을까.

이 핑계 저 구실 대고 칩거하는 게 난맥상이 드러난 인간관계를 횡보하는 것보다 훨씬 편하긴 하다. 하지만 계속 이러고 살다간 더럽게 재미없이 죽을지 모른다는 생각에 겁이 덜컥 났다. 한때는 모꼬지라면 자다가도 벌떡 일어나던 놈이었는데 어쩌다가 이 모양이 됐는지 씁쓸하다. 우선순위를 정해 골라서 가야 했던 송년모임들이 몇 해 전부터는 뚝 끊겼다. 저명한 누군가가 그랬다지. 백수는 제 이름만 불러줘도 오르가슴을 느낀다고. 묵은해를 보내고 힘찬 새해를 맞이하기 위한 의기투합을 명하는 연락이 온다면 끊기도 전에 당장 진두에 나서겠건만…. 곽한테 다시 연락해 봐야겠다. 심심한 놈들끼리 얘기나 좀 하게 부산에서 꼭 좀 보자고.

©CHOCHULJE

해 뜰 녘, 해 질 녘

막 해가 떠오른 동녘 하늘이나
석양마저 이울어 거무끄름해지는 서녘 하늘이나
완전이란 단어와는 별로 어울리지 않는다 해도
대낮과 한밤에 비해 뒤앙스만은 결코 처지지 않는다.
되레 더 오묘할는지.
그러고 보면 불완전하다고 꼭 무능한 것만도 아니다.